马克思主义简明读本

邓小平的伟绩

丛书主编：韩喜平

本书著者：陈甜甜

编 委 会：韩喜平　邵彦敏　吴宏政
　　　　　王为全　罗克全　张中国
　　　　　王　颖　石　英　里光年

图书在版编目（CIP）数据

邓小平的伟绩 / 陈甜甜著. -- 长春：吉林出版集团股份有限公司，2014.4（2019.2重印）
（马克思主义简明读本）

ISBN 978-7-5534-4240-2

Ⅰ.①邓… Ⅱ.①陈… Ⅲ.①邓小平（1904～1997）—生平事迹 Ⅳ.①A762

中国版本图书馆CIP数据核字（2014）第069635号

邓小平的伟绩
DENG XIAOPING DE WEIJI

丛书主编：	韩喜平
本书著者：	陈甜甜
项目策划：	周海英　耿　宏
项目负责：	周海英　耿　宏　宫志伟
责任编辑：	金　昊
出　　版：	吉林出版集团股份有限公司
发　　行：	吉林出版集团社科图书有限公司
电　　话：	0431-86012746
印　　刷：	北京一鑫印务有限责任公司
开　　本：	710mm×960mm 1/16
字　　数：	100千字
印　　张：	12
版　　次：	2014年4月第1版
印　　次：	2019年2月第3次印刷
书　　号：	ISBN 978-7-5534-4240-2
定　　价：	29.70元

如发现印装质量问题，影响阅读，请与出版方联系调换。0431-86012746

序　言

　　习近平总书记指出，青年最富有朝气、最富有梦想，青年兴则国家兴，青年强则国家强。青年是民族的未来，"中国梦"是我们的，更是青年一代的，实现中华民族伟大复兴的"中国梦"需要依靠广大青年的不断努力。

　　要提高青年人的理论素养。理论是科学化、系统化、观念化的复杂知识体系，也是认识问题、分析问题、解决问题的思想方法和工作方法。青年正处于世界观、方法论形成的关键时期，特别是在知识爆炸、文化快餐消费盛行的今天，如果能够静下心来学习一点理论知识，对于提高他们分析问题、辨别是非的能力有着很大的帮助。

　　要提高青年人的政治理论素养。青年是祖国的未来，是社会主义的建设者和接班人。党的十八大报告指出，回首近代以来中国波澜壮阔的历史，展望中华民族充满希望的未来，我们得出一个坚定的结论——实现中华民族伟大复兴，必须坚定不移地走中国特色社会主义道路。要建立青年人对中国特色社会主义的道路自信、理论自信、制度自信，就必须要对他们进行马克思主义理论教育，特别是中国特色社会主义理论体系教育。

要提高青年人的创新能力。创新是推动民族进步和社会发展的不竭动力，培养青年人的创新能力是全社会的重要职责。但创新从来都是继承与发展的统一，它需要知识的积淀，需要理论素养的提升。马克思主义理论是人类社会最为重大的理论创新，系统地学习马克思主义理论有助于青年人创新能力的提升。

要培养青年人的远大志向。"一个民族只有拥有那些关注天空的人，这个民族才有希望。如果一个民族只是关心眼下脚下的事情，这个民族是没有未来的。"马克思主义是关注人类自由与解放的理论，是胸怀世界、关注人类的理论，青年人志存高远，奋发有为，应该学会用马克思主义理论武装自己，胸怀世界，关注人类。

正是基于以上几点考虑，我们编写了这套《马克思主义简明读本》系列丛书，以便更全面地展示马克思主义理论基础知识。希望青年朋友们通过学习，能够切实收到成效。

韩喜平

2013年8月

目　　录

第一章　海内外求索的早年岁月 / 001

第一节　家里的长子 / 001
第二节　留法勤工俭学 / 004
第三节　赴俄探求真知 / 011

第二章　精力充沛的职业革命家 / 015

第一节　播撒革命火种的邓政委 / 015
第二节　创建红七军 / 019
第三节　《红星》报主编 / 025

第三章　戎马倥偬练出的真英雄 / 036

第一节　第二次国共合作 / 036
第二节　百团大战 / 040
第三节　挺进大别山 / 046
第四节　淮海战役 / 054
第五节　渡江战役 / 057

第四章　西南局第一书记 / 066

第一节　解放大西南 / 066

第二节　和平解放西藏 / 079

第五章　千锤百炼的政治家 / 092

第一节　党的总书记 / 092
第二节　恢复经济 / 095
第四节　第二次起落 / 102

第六章　改革开放的总设计师 / 109

第一节　恢复思想路线 / 109
第二节　改革开放 / 116
第三节　社会主义本质论 / 128
第四节　"猫论"的发展 / 136
第五节　南方谈话 / 139

第七章　邓小平对国际和平的贡献 / 154

第一节　和平与发展成为世界主题 / 154
第二节　中国处理国际关系的基本原则 / 157

第八章　"一国两制" / 167

第一节　"一国两制"构想的形成 / 167
第二节　香港回归 / 173
第三节　澳门回归 / 178

第九章　继往开来的领路人 / 182

第一节　中国特色社会主义理论的奠基人 / 182
第二节　两代国家领导集体的顺利交接 / 185

第一章　海内外求索的早年岁月

第一节　家里的长子

一、父母的熏陶

邓小平，四川省广安县协兴乡牌坊村人，1904年8月22日出生于一个小地主家庭之中，出生后不久，父亲给他取名邓先圣，希望他能超越祖辈圣贤，光宗耀祖。邓小平的名字是他后来参加革命后，为了迷惑敌人而取的化名。邓小平是家里的长子，他还有三个弟弟，一个姐姐和一个妹妹。邓小平的父亲邓绍昌在当地是个颇有威望的人，曾就读于成都政法学校，接受过先进的教育，积极参加过四川省的保路运动和反洋教运动，还加入了当地的民间组织哥老会，并一路升到望溪乡哥老会头领的职位。他在协兴乡教过书，做过协兴乡团总和广安县团练局局长。辛亥革命时期，他参加了当地的革命军，担任新兵训练营的排长，因不愿与当局者同流合污而受到排挤，之后不得不到重庆避难。他刚正不阿的性格、乐观进取的人生态度和过人的胆识都是留给邓小平的宝贵财富。丰富的阅历和广博的见识使邓绍昌深刻地认识到清政府的腐败和外国侵略者的蛮横行为，在闲暇之余，他经常给年幼的小平讲述中国所面临的问题和社会危机，这为邓小平参加革命、树立自己的理想奠定了基础。

邓小平的母亲淡氏出生于当地的名门望族，淡氏家境殷富，出嫁时的嫁妆是一张雕刻精巧并上了红漆的大红木床，这在当时贫穷的人家是难以提供的，这也显示了淡氏的社会身份和地位。邓小平就出生在这张红木床上。淡氏贤良淑德，信奉"逢恶不怕，逢善莫欺"的古训，宽厚待人，受到邻里的敬重。淡氏既有中国传统女人的勤劳宽厚，又不失一个大家闺秀的铮铮傲骨，丈夫自重庆避难后，家里举债度日，家庭的重任落到淡氏一人的肩上。她不仅要养蚕缫丝，而且要抚养儿女。有一次淡氏回娘家，离开时想带点肉回去给孩子吃，不料却遭到父母的拒绝，之后，淡氏再辛苦也坚持在家里养猪，好让孩子们逢年过节能吃上肉。邓小平的弟弟邓垦回忆道："我们都遗传了母亲的骨气。"

二、义助同学

1910年6月，邓小平进入翰林私塾，开始了他的学习历程，这是一所旧式学堂，教授习字、读书和作文，学习《三字经》、《千字文》、《百家姓》等中国的传统古籍，学习的方法主要是靠死记硬背和反复的练习。据老人们回忆，童年的邓小平聪明伶俐，记忆力特别强，书读三遍即可背诵。学校还开设了写字课，练习毛笔字，所以直到晚年，邓小平的字还是那么的刚劲有力，这无疑是受益于私塾时期的严格训练。在私塾学习一年后，邓小平转入协兴乡首创的北山小学读书，开始接受新式教育。他学习勤奋刻苦，从来不无故缺席，成绩在班内也是名列前茅。

邓小平在北山小学读书时还有过一次"偷"拿家里钱的经历。一天在放学回家的路上，邓小平发现班里的一位同学蹲在路边哭得十分伤心，便上前询问了原委，原来是同学的妹妹身患重病，但是家里贫穷无钱医治。邓小平知道后非常难受，衡量事情的轻重后，心里暗自有了打算。第二天上学，他一大早就找到那位同学，把五个银元塞到他手里，并叮嘱他用这些钱去给妹妹治病。没过几天，父亲发现家里少了钱，并且数目还不小（在当时五个银元可以买五百斤稻谷），于是他把全家人都召集起来询问，邓小平还没等父亲开口就主动站出来承认钱是他拿的，父亲为他的偷窃行为所激怒，愤恨自己抱有极大希望的长子竟干这等丢人现眼之事，于是拿起一根竹竿便是一顿怒打，幸好是邓小平的祖母看见了才劝停下来。事后，父亲反复琢磨，这娃平时省吃俭用的，不会无缘无故偷拿家里的钱，了解到事情的真相后，邓绍昌更是下定了决心一定把儿子培养成才。

邓小平作为家里的长子，被寄予厚望，父亲之所以给他起名先圣就是希望他能超过祖辈的功绩，为家族争光。童年里的邓小平又得到了父母的精心呵护，他经常是在祖母的催眠曲中入睡的，在古代大家庭里，普通的子女是得不到如此优待的。相对于他以后要面对的生活来说，邓小平在广安的早年岁月里可以说是无忧无虑的。

第二节　留法勤工俭学

一、留法预备学校

父亲为邓小平选择了出国求学的路，小平则自己选择了革命的道路。

1919年暑假，邓绍昌从重庆托人带信回家，说重庆成立了留法勤工俭学分会，并准备开设留法勤工俭学预备学校，希望儿子报考留法预备学校，以勤工俭学的方式去法国学习，拓宽视野，学习西方的先进经验。当时对于小平留法学习一事，邓小平的母亲极力反对，这位慈母不忍心让这么小的孩子独自到异乡去，但小平却以绝食同母亲抗争，以此表明留法学习的决心，最后淡氏拗不过儿子的反抗，只能含泪为儿子收拾行装。

当时，留法勤工俭学运动在李石曾、吴玉章、吴稚晖、张继等人的倡导下，正如火如荼地进行着，他们在法国巴黎成立了"华法教育会"以管理留法学生，在国内则成立了留法预备学校培养留法学生。重庆商会的会长汪云松先生是重庆留法勤工俭学运动的首要功臣，1919年，他与温友松等人筹组留法勤工俭学重庆分会并任重庆分会的会长，之后又与温少鹤等人筹资开设重庆留法预备学校，任学校的董事长兼校长。建国后，汪云松老先生应邀出席全国政协二次会议，在中南海怀仁堂的宴会上，陈毅曾夸赞汪老为共和国培养了两个副总理，其中就包括邓小平。留法预备学校主要招收四川省、湖南省和河南省的青年学生，他们大多来自社会的中层，大部分是地主、商人和知识分子。学校开设法文、代数、几何、物理、中文和工业知识，以法文为主，学制为一年。入学后，邓小平认识到学习时间的短暂和任务的繁重，于是更加刻苦地学习。邓小平在同学之中可以算是年龄较小的，个子又矮，所以很惹人注意，成为学生中的抢眼人物。由于邓小平刻苦努力，学习成绩也不比年长者差，而且自理能力很强，加上他随和的处事态度和活泼开朗的性格，很快便成为大家喜欢和爱护的小同学。第二年，邓小平成功取得了留法学习的资格。但是昂贵的学费不是一般家庭所能担负的，邓绍昌回家变卖了部分田产，并向淡家借了一些钱给小平作学费。1920年9月，邓小平和他的叔叔以及其他近一百名学生坐上了开往法国的轮船，开始了他的革命生涯，革命的道路是艰辛的，并且充满各种危险。此后，邓小平再也没能回到养育他十六载的牌坊村。让他没有想到的是，这次离别之后，他再也没能和父母见上一面。

二、艰辛的留学生涯

1920年10月19日，邓小平与同伴们结束了长达39天的海上航行，到达法国南部港口马赛。法国独特的异域风光、精美的欧式建筑以及整洁宽敞的马路，使怀揣着救国梦想的中国青年们热血沸腾。又经过了16个小时的行程，他们到达了此行的终点站——巴黎，华法教育会的所在地。经过短暂的休整后，经华法会介绍，这批近一百名青年被分成每二十人一组，分派到法国各省的中学就读，同时等待工作。邓小平和他的叔父邓绍圣被分到离巴黎200多公里的卡尔瓦多斯的小城巴约，进入巴约中学读书。在这里，邓小平爱上了法式面包和葡萄酒。1974年，他率中国代表团去纽约出席联合国大会特别会议回国途径巴黎时，买了一些法式面包带回北京，分给了病中的周恩来和同为留法勤工俭学的一些老战友们。在巴约中学学习五个月后，邓小平便辍学了，因为他带的钱已所剩无几，而且家中也无力寄给他足够的学费。虽然他尽量节俭，每天仅有18法郎的开支（当时随行的个别同伴每天的开支高达50法郎），他还是不得不回到巴黎的华法教育会，希望得到资助并找到一份工作。

　　第一次世界大战后，欧洲爆发了新的经济危机，工厂停产、工人失业，欧洲到处是一片萧条。法国也是危机的重灾区，留法勤工俭学的学生十之八九没有工作，处于一种欲工不能、欲学不得的困境之中。大量的留法学生挤到华侨协社中，每天靠华法教育会发的5法郎维持生活。在物价飞涨的情况下，他们只能吃白水煮马铃薯，有时候马铃薯煮得半生不熟，难以消化，久而久之，很多学生闹胃病。至于住宿，他们只能睡地板、花园和草地。不到两年光景，留法学生中就有61人死亡，还有80多人在医院救治。这样的生活环境对年仅十七岁的邓小平来说苦不堪言，他从来没受过这样的苦，但他还得为活下去而努力。1921年4月，邓小平作为一名散工被招进克鲁梭铁厂，这是法国最大的军工厂之一，陈毅、赵世炎、李立三等人都在这里做过工。邓小平每天的工作就是推铁屑、拉钢条、运煤、运钢板，做的都是没什么技术含量的体力劳动。同样在此工作过的李维汉后来回忆说："经过短时间的工人生活，我们都感到经过勤工很难达到俭学。"这对邓小平的打击是巨大的，他也开始由一个活泼开朗的少年慢慢的变得沉默寡言，残酷的现实逼迫他重新思考来法的初衷以及以后的道路。

在克鲁梭工作一个月后，由于体力不支，邓小平离开了这个工厂，又回到华法教育会。他放下架子，在建筑地推砖、搬瓦、扛水泥，无论轻活重活，碰到什么干什么，哪里有活就去哪里。他先后在尚布尔郎工厂从事制造纸花工作、哈金森橡胶厂做粘鞋工，还在雷诺汽车厂做过钳工。邓小平后来曾经说："每当我买得起一块羊角面包和一杯牛奶时，我总是感到高兴。"正是这种乐观的心态一直激励着他前进。

三、加入中国共产党

1922年6月，在周恩来、赵世炎的筹备下，旅欧中国少年共产党成立了。赵世炎经常到邓小平做工的哈金森橡胶厂组织开会、演讲活动，宣传共产主义思想，他使邓小平接触到了先进的马克思主义思想。马克思列宁主义的思想给邓小平产生极大的思想冲击，也使他在以后的革命实践中逐步认识到其中的真谛。这一年夏天，邓小平成为旅欧少共中最年轻的成员之一。他们以《少年》为理论刊物，宣传革命理论，传播共产主义学说。1924年《少年》改名为《赤光》，邓小平负责它的制版和印刷，他经常白天出去做工赚取微薄的生活费，晚上到《赤光》编辑部印刷稿件。这时，他认识了英姿勃勃、谈吐文雅的周恩来，并得到了周恩来的关心和爱护。60年后，邓小平谈到周恩来时还深情地说："我们认识很早，在法国勤工俭学时就住在一起，对我来说他始终是一个兄长，我们差不多同时期走上了革命的道路。"邓小平在编辑部里认真的工作态度以及成熟沉稳的做事的风格赢得了大家的肯定，他们亲切地称邓小平为"油印博士"。

1924年下半年，邓小平成为了中国共产党的一名正式党员，并成为旅欧中国共产主义青年团领导机构的一员。此时，邓小平已经在法国生活了4年，做工的艰辛生活使他对资本主义社会有了更深刻的认识，周恩来等人的指点和帮助使他增长了才干，锻炼了能力，他已经成长为一名精神饱满、谈吐直率、成熟沉稳的革命战士。他开始在《赤光》上发表文章，宣传建立反帝反封建的革命统一战线，以此响应国内的革命形势发展。

1925年，国内爆发"五卅"运动，为声援国内爱国运动，在中共旅欧支部领导下，召开了声势浩大的反帝群众大会，傅钟、肖朴生等人做了激昂的演说，他们高举"打倒帝国主义"，"打倒军阀"，"中华民族解放运动万岁"的旗帜，邓小平是这场运动的积极组织者和参加者。他们的活动震惊了整个欧洲，引起了法国当局的恐慌并对他们下令进行逮捕。为免遭法国当局的迫害，1926年1月，他们离开了巴黎，向着向往已久的列宁的故乡进发。

第三节　赴俄探求真知

一、中山大学的校友

1917年俄国十月革命胜利后，苏俄建立了世界上第一个无产阶级政权。新生的苏维埃政权刚刚在国内站稳脚跟，便开始在国际社会上以社会主义"老大哥"的身份帮助东方民主、民族革命高涨的国家培训领导干部。为此，斯大林主持创办了一批高等学府，向来自各国的共产党员传播共产主义理论。苏联尽足了东道主的义务，为各国的留学生们提供优越的生活条件，热情地招待他们，希望他们回国之后能献身于无产阶级革命事业，建立社会主义国家，成为苏联在国际社会上的盟友。1926年，勤工俭学生邓小平辗转来到了苏联，成了堂堂正正的共产主义大学的知识分子。

邓小平在苏联虽然仅仅生活了一年的时间，但却接受了系统的马克思主义理论教育。马克思、恩格斯的《资本论》，列宁的《列宁主义的基础》以及社会形态发展史和革命运动史都是他的必修课。较之法国的实践学习，在莫斯科的学习更具有理论性。

二、两位故人

在中山大学，邓小平结识了后来成为台湾领导人的蒋经国和自己的第一任妻子张锡瑗。邓小平与蒋经国正巧在一个班内，同为中山大学的第一批中国学生，又异国相逢，来往很密切。邓小平比蒋经国年长几岁，俩人都是小个儿，站队时两人总是肩并肩地挨着，上公共课时两人也时常坐在一起。蒋经国在中山大学担任学生会刊物《红墙》的编辑，负责稿件的组织、编辑和出版，邓小平经常去投稿，他的文章短小精悍，观点鲜明，一语中的，蒋经国经常把邓小平的文章放在头版刊发。政见上的相投、生活上的互助使他们在中山大学建立了深厚的同学情谊。

邓小平和蒋经国经常在学校对面的莫斯科河畔散步，谈论中国的革命形势。蒋经国对邓小平在法国的传奇经历很感兴趣，邓小平便用风趣幽默的语言讲给他听，蒋经国对这个历经磨难、无所畏惧的"大哥"甚是敬佩。课后讨论时，同学之间经常对中国的革命动向发表自己的意见，展开激烈的讨论，如同国内的政局一样，分成几个派别，国民党左派、国民党右派、共产党以及各地的军阀。当邓小平与国民党右派同学谷正鼎、谷正刚、邓文仪辩论时，蒋经国经常站在邓小平一边。为此，国民党右派的同学十分恼火，愤怒地质问蒋经国："你是吃国民党的饭，还是吃共产党的饭？"这时，蒋经国毫不犹豫地说："我是吃苏联的饭。"蒋经国在那时的确是吃苏联的饭，他和邓小平一样，是苏共的贵宾，又都是中国激进的革命者，他们当时的思想观点是相同的，主张统一战线，反对帝国主义在中国的特权。

邓小平的第一位妻子张锡瑗也是中山大学的学生，1925年11月与蒋经国一行同船抵达莫斯科，他们要比邓小平早到一个多月，邓小平在同学之间非常活跃，能言善辩，很快就被同学们称为"小钢炮"。张锡瑗则是一头短发，精神干练又端庄秀丽，那时他们还只是志同道合的战友，互帮互助的同学。邓小平回国后，仅相隔几个月，在武汉又意外地遇到了张锡瑗，老同学相遇，既惊又喜，命运的巧合和情感的交织很快使他们成为恋人。之后，邓小平调往上海担任中共中央秘书长，随后，张锡瑗也到了上海，碰巧在邓小平分管的秘书处工作。1928年初，这两个相识于中山大学的同学举行了结婚仪式。在当时艰难的革命形势下,为表示对他们的祝福,中央机关的同志们在上海广西中路的一个叫"聚丰园"的四川馆子里为他们办了酒席,出席婚礼的有周恩来、邓颖超、李维汉、王若飞等三十多人。张锡瑗与邓小平有着共同的革命理想,情趣相投,互敬互爱。婚后,曾经有大半年的时间,他们同周恩来和邓颖超这对夫妇一起住在公共租界的一幢房子里。周恩来和邓颖超夫妇住在楼上,邓小平和张锡瑗夫妇住在楼下,邓颖超曾经说过:"常常听见邓小平和张锡瑗在楼下又说又笑的。"但是这段美好的婚姻却以悲剧结束,婚后第二年,张锡瑗不幸难产去世,刚生下不久的女儿也夭折了。

第二章　精力充沛的职业革命家

第一节　播撒革命火种的邓政委

一、"八七"决议

1926年初邓小平回到了阔别六年的祖国，此时正值第一次国内革命战争时期，邓小平积极投入到国内革命事业中，并在冯玉祥管辖的中山军事学校任政治处处长兼政治教官。在刘伯坚、邓小平等人的动员帮助下，冯玉祥在五原誓师，加入到革命统一战线中来，壮大了革命力量。随着国内革命形势的高涨，政治局势发生巨变。1927年4月，冯玉祥先后与蒋介石、汪精卫会谈，密谋反共，清除了在他部队内的所有共产党人，邓小平也被"礼让出镜"，在党组织的安排下，他来到了武汉担任中共中央秘书。紧接着，蒋介石在上海蓄意发动"四一二"反革命政变，同年，汪精卫在武汉发动"七一五"政变，大肆屠杀共产党员和革命群众，第一次国共合作由此破裂，第一次国内革命战争也以失败告终。面对国民党的屠杀，当时的共产党总书记陈独秀采取保守妥协的态度，使共产党遭受了沉重打击。自4月12日蒋介石率帮派分子攻击上海总工会后的三天里，就有三百余共产党人被暗杀，五百余人被捕，另有五百多人失踪。七月，上海中共党组织负责人陈延年、赵世炎遇害。

为总结大革命失败的经验教训，纠正陈独秀的右倾机会主义错误，中共中央政治局于1927年8月7日在汉口召开紧急会议。邓小平负责"八七会议"的筹备工作以及委员们的安全。由于考虑到安全问题，人员的进出受到严格的控制，邓小平作为中央秘书，是最后一个离开的。会议确立了土地革命和武装起义的正确方针，把党的主要工作转移到领导农民进行秋收起义上来。为具体落实八七会议的决议，部分党的主要领导人被派往各地组织武装起义。由于国共合作的失败，邓小平随中共中央迁沪后，开始他了危险的革命工作——处处都要小心谨慎，防备国民党的暗杀。邓小平后来回忆说，那时是提着脑袋干革命的。1929年8月，邓小平从上海离开当时已身怀有孕的爱妻，到广西领导党的工作并组织武装起义。

二、"到广西去"

邓小平调往广西工作，起因于广西政局的变动。南京国民政府成立后，国内军阀之间混战不断，1929年3月，蒋桂战争爆发，蒋介石利用桂系内部矛盾，拉拢俞作柏、李明瑞，导致以李宗仁、白崇禧为首的桂系军阀战败。随后，蒋介石任命俞作柏任广西省政府主席，李明瑞任绥靖司令，两人系姑表兄弟，掌握着广西的军政大权。然而他们掌握广西省政权还不到半年，根基并不稳固，加之蒋介石派遣邓介民等人插足广西事务，暗中监视二人，俞、李很难控制广西局势。这使得蒋介石与俞、李之间矛盾尖锐，俞作柏听取俞作豫的建议，请求中共派干部到广西给予帮助，实际上，俞作豫就是秘密的共产党员。中共中央得到消息后，中央军事部长周恩来胸有成竹地说："派邓小平去。"回国后，邓小平的工作成绩有目共睹，机智果敢、胆大心细，派他去再合适不过。

邓小平绕道香港到达广西省会南宁后，化名为邓斌，担任广西省政府秘书，他主要有三项任务：一是联系俞作柏、李明瑞，帮助他们进行反蒋行动；二是接管广西省境内党的工作；三是发动武装起义，播撒革命火种。广西省远离共产党的主要活动区，人员组织力量相对薄弱，邓小平要完成任务是有难度的，但他凭借自己的机智和果敢使广西的革命活动有条不紊地展开了。邓小平了解到共产党员俞作豫为俞作柏的弟弟，他充分利用这层特殊关系，及时地做好了上层工作，他首先说服俞作柏、李明瑞释放了一大批大革命失败后被捕的"政治犯"。之后，他又以培训初级军官、加强军事力量的名义，通过俞作豫向李明瑞建议，成立广西教导总队，派进了一百多名共产党员。驻守在南宁的警备大队实际上也被共产党掌握，第五大队的队长为共产党员俞作豫，在邓小平的游说之下，后来到达广西的共产党员张云逸当上了第四大队大队长。失去广西省地盘的李宗仁惊呼："俞作柏，李明瑞，南归后，为虎附翼，共祸始炽，桂省几成为共党之西南根据地！"

邓小平在广西，除了控制军事力量外，还发展党组织、领导农民运动。通过与俞、李的交涉，取得他们的同意后，邓小平开始了轰轰烈烈的农民运动，他深入南宁郊区调查研究，指导农民建立农民协会。1929年8月中旬，广西省第一次农民代表大会在南宁胜利召开，会议成立了广西省农民协会，推选共产党员雷经天为会长，共产党员韦拔群为副会长。此外，在邓小平的领导下，广西省各地的工会、妇女协会、学生会等组织也相继恢复。

年仅25岁的邓小平在到达广西后的仅仅几个月内，就使党的力量迅速扩大，新增党员人数达300多人，第四、第五大队扩充到4000多人，这为以后建立红七军、红八军奠定了良好的武装基础。农民、工人的热情被充分地调动起来，广西好像又回到了大革命前那种生机勃勃的革命热潮之中。

第二节 创建红七军

一、广西局势

大革命使国民党右派领袖蒋介石的实力膨胀，在南京成立了临时政府，控制了中国主要经济区，但是中国仍处于军阀混战的局面，各地军阀为扩张自己的地盘勾心斗角，战争不断。国民党改组派领袖汪精卫利用蒋介石与湖北军阀张发奎之间的矛盾，策动张发奎南下进攻支援蒋介石的广东军阀陈济棠，夺取广东以作为反蒋基地。但是张发奎兵力单薄，于是汪精卫便派人到南宁游说俞作柏、李明瑞与张发奎共同反蒋。

俞作柏、李明瑞与蒋介石原本就存在争权斗争，早有反蒋意图，欣然允诺改组派及张发奎共同反蒋。邓小平得知后，认为俞作柏、李明瑞如果贸然出兵反蒋，成功后虽可一举拿下广东，占据有利位置，扩大自身势力，解决广西当时经济困难，但是俞作柏军队内部成分复杂，再加上掌握政权不到半年，根基未稳，出兵胜算把握不大。他一方面劝说俞作柏、李明瑞不要贸然出兵，另一方面积极部署应变措施。邓小平利用俞作柏的弟弟俞作豫的关系，劝说俞作柏留下部分兵力留守南宁。经邓小平再三游说，俞作柏抽调教导总队的部分干部回到俞作柏的军队之中，剩下第四大队和第五大队以及教导总队的部分士兵留守南宁，其余全部军队出兵攻粤。

俞作豫、李明瑞出兵后不久，蒋介石即下令免去俞作柏、李明瑞所兼各职，并任命李明瑞部师长吕焕炎为广西省政府主席，杨腾辉为国军编遣委员会直辖第四编遣区办事处主任，架空俞作柏、李明瑞的权力。吕焕炎和杨腾辉公开联合陈济棠以国民党之名讨伐俞作柏、李明瑞。

二、运筹帷幄之帅才

在俞作柏、李明瑞出兵反蒋之后，邓小平立即派遣南宁警备第四大队的一个营前往右江地区，第五大队的一个营前往左江地区，控制政治局势；指示张云逸接管广西省军械库，此时的军械库中有五千支步枪，还有一些山炮、迫击炮和机关枪以及无线电装置和大量弹药；命令在南宁进行军事训练的韦拔群立即赶回东兰。从之后的革命形势发展来看，这些应变行动充分体现了邓小平的高瞻远瞩、运筹帷幄的领导才能。

果然不出邓小平所料，俞作柏、李明瑞还没有到达广东境内就仓皇败北，逃回南宁召开紧急会议，准备撤换第四大队和第五大队的军官。在战争年代，军队就是生命，枪支弹药就是血液，谁掌握了军队和枪支谁就是胜利者。俞作柏、李明瑞战败的消息传回南宁后，军队内一片哗然，骚动不安，不知何去何从，邓小平等人尽量争取革命者，最后收拢到五百多人，并迅速将军械库的军火转移到早已在南宁港准备好的轮船上后，邓小平率部队撤出南宁，使船向平马地区进发，在平马与张云逸率领的第四大队会合后，一起前往了百色。在张云逸等人前往百色的时候，俞作豫根据邓小平的安排，率第五警备大队前往龙州地区。邓小平的这一系列部署为之后成立红军第七军、发动武装起义创造了条件。

在邓小平等人开往百色的同时，南宁的政局也发生了变化，俞作柏避居香港，李明瑞滞留龙州，李宗仁、白崇禧、黄绍竑乘机回到广西，再次控制了南宁。

邓小平、张云逸率部队到达百色后，贯彻八七会议的决议，立即开始筹备武装起义。但是右江地区的地主豪绅却视邓小平为猛虎野兽，欲除之而后快，他们纷纷逃往南宁，请求广西省政府主席黄绍竑派军支援，他们勾结第三大队队长熊镐，企图镇压农民革命运动。

熊镐假借与第四大队"商谈防务"之名来到百色，打探邓小平、张云逸的军事实力，邓小平等人早已看穿了他的心思，干脆来了个将计就计。张云逸等设宴招待熊镐大队长，当熊镐酒兴正浓，嘴吐含混不清的桂南方言时，洋装操练的几十名第四大队战士出其不意冲进宴席间，缴械生擒熊镐及其带来的士兵，这样，奉桂系军阀旨意，阴谋破坏革命的反动军官熊镐被送上了断头台。在张云逸设宴招待熊镐之时，邓小平率另一批人马直奔平马,消灭了第三大队驻扎在那的反动武装,俘获一千多人,缴获了七百多支枪和大批弹药,充实了我方力量,粉碎了桂系军阀扑灭右江革命烈火的图谋,扫清了百色起义的主要障碍。

三、百色起义

随着左右江地区革命形势的发展,进行武装起义的时机日渐成熟,派往上海向中央指示工作的龚饮冰秘密回到百色,带回中央举行武装起义、创建红七军和革命根据地的指示。邓小平接到中央命令之后,并没有立即发动武装起义,而是首先动员和组织群众,发展党组织,进行打土豪、分田地,改善工农生活,取得了群众的广泛支持。在军队内部则加强思想政治教育,实行官兵平等,发扬民主,惩治虐待士兵的军官。经过整治和宣传,军队面貌焕然一新,军民关系和睦融洽。做了一系列的充分准备之后,1929年12月11日,邓小平在警备第四大队驻地——粤东会馆门口,庄严地宣布了百色起义的开始和中国红军第七军的成立。张云逸任第七军军长,邓小平任第七军政委。

百色起义是成功的,与其他起义不同之处就在于,它不是先向敌人发动武装斗争，而是先做好群众工作和军事准备工作，先扫除起义的主要障碍。在没有武装反抗的情况下，和平地宣布起义的开始。百色起义的各项部署体现了邓小平机智果敢、审时度势的将帅之才。

百色起义取得胜利之后，邓小平又按照中央指示，奔赴龙州，组织龙州起义，组建红八军。在奔赴龙州时，邓小平与李明瑞不期而遇，两人结下了一段生死之缘。李明瑞率领兵变部队在龙州筹集军饷，欲与粤桂两军对峙，趁广西政局混乱、南宁空虚之际，反攻南宁，重建自己的统治。此时，李明瑞仍为国民党军官，驻守在龙州地区，邓小平欲在龙州发动起义，组建红八军，得不到李明瑞的同意和支持是很难的。所以，李明瑞是能不能成立红八军的关键。李明瑞反蒋失败后，各方政治力量极力拉拢这位北伐战争中战功显赫的名将。邓小平与李明瑞虽都在南宁广西省任职，但两人并未谋面，这次相遇是第一次见面，邓小平得知李明瑞的打算之后，和他耐心分析了当前的形势，劝他参加革命，向他介绍《共产党宣言》等革命书籍。在邓小平的启发下，他亲眼看到右江红军日益壮大，各族人民拥护共产党和红军的形势。他认识到历史的大趋势，只有跟共产党走、参加革命才是唯一的出路。他毅然决然地参加了革命，之后他和邓小平一起商定了龙州起义的行动步骤，创建了红八军。不久，在邓小平的建议下，党中央吸收李明瑞加入了中国共产党。年仅25岁的邓小平就能说服比自己年长又身居高位的李明瑞走上共产主义道路，可见他非凡的人格魅力和博大的胸怀情操。至今，邓小平在百色、龙州的革命事迹还广为流传着，这里有他与战友们的生死之交及与百姓们的血肉之情。他，救群众于水深火热之中；他，深情地爱着自己的祖国和人民。

第三节　《红星》报主编

一、寻乌事件

当女儿毛毛拿着中央档案馆汇集的《红星》报给邓小平看，让他辨认哪些文章是他所写的时候，邓小平一挥手，说："多着呢，谁还分得清楚。"说起邓小平办《红星》报，我们还得从他传奇人生中"三起三落"的第一次起落说起。事情起源于以王明为代表的"左"倾冒险主义路线与以毛泽东为代表的正确的路线、方针、政策之间的对立和斗争。由于"左"倾领导人慑于毛泽东在中央苏区的崇高威望，对他不敢轻举妄动，便指桑骂槐，把斗争矛头指向毛泽东正确路线的坚定支持者，邓小平、毛泽覃、谢唯俊和古柏，即所谓的"邓毛谢古"。邓小平首当其冲，被称为"毛派头子"，而直接导火索则是"寻乌事件"。

邓小平还没来得及亲手掩埋因难产而不幸去世的爱妻张锡瑗和刚刚出世的女儿，便投入到了紧张的革命工作中去。1931年夏，邓小平从上海来到中央苏区瑞金，担任瑞金县的县委书记。在瑞金工作几个月后，调任会昌县委书记。会昌、寻乌、安远三县合并后，又被调到会寻安中心县委。1932年11月，国民党粤军陈济棠部在会寻安苏区的东南西三面驻重兵，形成包围之势，觊觎中央苏区的南线地盘，并不断出兵骚扰进犯，乘原活动在会寻安一线的红军开往北线作战之际，以装备优良的正规军对会寻安三县南部地区大举进犯。邓小平认真分析战争局势，此时，我军只有江西军区第三分区游击大队100余人和会寻安三县的游击队、赤卫队，既无作战主力，又无援军，敌我力量悬殊，我方根本无法抵抗国民党的正规部队。邓小平决定避开敌人锋芒，转而开展游击战争，粤军第十八师占领了寻乌县城，寻乌失守。

二、"小组织领袖"

寻乌失守成为批斗邓小平的导火索。本来在作战中一些地区失而复得、得而复失乃常有之事，不足为奇，但是以王明为代表的"左"倾中央领导人拿此事件大做文章，认为邓小平在这次作战中犯了"逃跑退却的机会主义错误"，才导致寻乌失守，"使群众受致敌人的摧残"，并且在党的机关报《斗争》上发表题为《什么是进攻路线》的文章，由此拉开批邓的序幕。他们声称"反对一切机会主义的动摇，反对机会主义逃跑和纯粹防御的路线，反对对于这些路线的调和，这是在会寻安的罗明路线"。1933年3月21日，中央局撇开江西省委，在筠门岭倒水湾召开会、寻、安三县党的积极分子会议，通过了《会寻安三县党积极分子会议决议》，这个决议公开点名批评邓小平为"执行了纯粹的防御路线"。但这个决议却是在邓小平没有参会的情况下做出的，因为在此之前，邓小平在江西省委书记李富春等人的暗中保护下调到江西省委担任宣传部部长了。

1933年4月16日，江西省委召开江西党组织工作总结会议，有趣的是，会议主持人、江西省委书记李富春刚宣布会议开始就离开主席台，退坐到台下一角去了。会议的实际主持人成为了中央局成员罗迈，很快这次会议的主要内容演变为批斗邓小平。要对邓、毛、谢、古等人进行"残酷斗争、无情打击"，污蔑他们为"反党的派别"，邓小平则是"小组织领袖"。罗迈还下令收缴了他们的枪，强行撤销了邓小平江西省委宣传部部长职务，解押到瑞金隔离审查，被关在一间阴暗潮湿的矮房子里，命令他写书面检讨。邓小平在检讨中尖锐地指出，在当前形势下，务必认清什么是机会主义，什么是冒险主义，什么是马克思主义的进攻路线，要弄清楚这些问题，必须到实践中寻找答案，而不是纸上谈兵。他认为，在敌强我弱的情形下，避开敌人优势兵力，进行游击战、运动战才是上策，如果不讲求实际，一味地硬打攻坚，只能导致更多的损失。对此，他在桂湘粤三省作战时深有体会，1930年，中央指示邓小平率红七军攻打庆远、柳州、长安等敌人军事力量强大的大城市，结果是红七军损失过半，缺弹少粮，士气低落，最后不得不奔赴赣南，与红一方面军回合。邓小平在审讯室里先后写了三份检讨书，但都被"左"倾领导人认为是为他自己歌功颂德。在邓小平被关押在审讯室期间，忍受着精神上和肉体上的双重折磨，同时也表现出他坚定的革命意志和坚持真理的顽强毅力。由于他"死不悔改","毫无认错意识",最后被给以"最后严重警告处分",他被下放到安乐县南村当巡视员,但是不到10天,他又陷入了更加凄惨的境地,到宁都县城附近的七里乡接受"劳动改造"。

三、党内"正能量"的传递

邓小平在生平第一次"落马"经历中,也不乏正义力量的帮助:当他在审讯室被关押期间,侠肝义胆的陆定一妻子唐义贞大夫曾经冒险相救,在邓小平最饥饿的时候给他送去两只鸡,这无异于雪中送炭。在"路线斗争"激烈的年代,人们都害怕与"右倾机会主义分子"有牵连,对他们避而远之,更何况伸出援助之手,这时候就算是一点点的帮助对于邓小平来说也是难能可贵的。

邓小平在落难时的另一次得到帮助的感人事迹是他在七里村"劳动改造"的时候,那时,他每天都要下地干活,还得忍饥挨饿。一天,邓小平遇到被派往七里村检查妇女工作的危秀英,邓小平在江西省委工作时就认识她,危秀英又与和自己同在巴黎留学的好友蔡畅一起工作,邓小平知道危秀英是个热情善良靠得住的人，在她临回宁都时，对她说："秀英，告诉蔡大姐，我在这里吃不饱饭，肚子很饿。"危秀英看到被晒黑的邓小平，内心一片苦楚，回到省委之后，立即把邓小平的情况一五一十地告诉了蔡畅，蔡畅对老同学的遭遇也是深感同情。虽然在艰苦的革命情况下，她和丈夫李富春一个月每人仅有两分钱的伙食费，她还是毫不犹豫的从省吃俭用攒下的钱中拿出一部分来拿给危秀英，叮嘱她说："秀英，你去街上买二斤猪肉和鱼干，剩下的买些大蒜，然后让小平同志今天中午十二点半到省委来吃顿便饭，我和富春同志作陪，在路上时，和小平同志保持一定距离，不要被人发现。进来的时候从省委后门，免得人多眼杂，招来不必要的麻烦，反应上去告我和他划不清界限。"危秀英听后，知道蔡大姐的良苦用心，买好猪肉后，她立即跑回七里乡告诉小平，蔡大姐做了饭，请他去吃，邓小平连说走走走，他们从省委后门一前一后进了蔡畅夫妇的住地。蔡畅夫妇热情地招待了邓小平，小平这顿饭吃得很饱，临走时，蔡大姐还装满了两大罐猪肉炒大蒜让他带走，饿的时候吃。邓小平对蔡畅夫妇在危难时候的关照始终铭记在心，充满了感激之情。

四、王稼祥的鼎力相助

谈到邓小平的第一次起落，我们不禁问道："他是怎么走出人生的第一次低谷的呢？"让我们把时间轴后退到1933年的5月份，事情是这样的，时任江西省委书记的李富春和省委妇女部长的蔡畅夫妇对邓小平的不平遭遇甚为着急，他们了解邓小平在法、苏留学期间的优异表现，对这样难得的人才被下放到农村劳动于心不忍。但是他们能力有限，对他的遭遇也是无能为力，经过深思熟虑，他们想到了为人公道正派、令人信服的王稼祥同志。王稼祥是党内的资深领导人，由他出面，事情或许还能有所转机。于是，李富春趁到瑞金向党中央汇报工作的机会，抽时间去看望正在疗养的王稼祥，向他反映了邓小平的事。王稼祥在苏联留学时，就对这位"小钢炮"有所耳闻，回国后，知道他在广西领导了百色起义，创建了红七军和革命根据地，在苏区的工作干得也是有声有色，对邓小平有很好的印象，认为他是个精明能干、具有指挥才能的好同志。王稼祥也意识到现在党中央正值用人之际，把一个重要的军事干部下放到农村劳动简直是浪费人才。听了李富春同志反映的情况后，他反复思考，怎样安排小平同志才算妥当呢？心中有了较量之后，他把总政治部副主任贺昌和组织部长罗荣桓请来，对他们说："总政秘书长杨尚昆到三军团兼任政委，彭德怀到广昌前线指挥作战去了，我想把邓小平请来当代理秘书长，你们意见怎样？"贺昌和罗荣桓是了解邓小平的人品、性格的，也佩服他的才干，便爽快地回答说："很好，我们赞同。"

邓小平的就任之事可谓一波三折，王稼祥在其中起了关键的作用。为了万无一失，他忍受着病痛亲自给中央有关负责人打电话，听到王稼祥的提议时，中央个别领导人感到诧异，说："邓小平是'江西罗明路线'的代表人物，一贯反对临时中央的进攻路线，在江西省委三个月总结工作会议上又不检查，又不接受批评，我看暂时不行，还是考验一段时再说。"王稼祥立即反驳道："我们不能称邓小平为'江西罗明路线的代表'，这个提法本来就不太妥当，我看邓小平的一些观点是符合马克思主义和中央苏区实际情况的，例如诱敌深入的方针，是毛泽东同志提出来的，把敌人从白区引到中央根据地的深处，利用有利地形和群众条件，加以歼灭，这种积极防御的策略，在前四次'反围剿'时的应用是成功的，使苏区出现了大好形势。这不是反党中央的进攻路线，也不是反国际路线的问题。现在应当考虑我们对邓小平的批评是否合乎道德、合乎实际的问题……"由于过度激动，触动腹部的伤口，钻心的疼痛使王稼祥直不起腰来，他再也不想说下去了，气冲冲地把电话机一甩，在屋子里来回踱步以缓解愤怒的心情，还连连说："埋没人才呀！"

王稼祥一直等待着中央的明确答复，但是大半个月过去了，还是杳无音讯。反"围剿"的战事吃紧，总政工作又缺人，王稼祥思前想后，认为必须找到中央总负责人才能解决问题。他吃力地支撑起身体，斜靠着坐在床上，吩咐警卫员拨通了瑞金中央总负责人博古的电话，他刚接起电话就急切地说："你是博古同志吗？我是稼祥，我上次提议邓小平到总政治部担任代理秘书长的事，中央研究决定了吗？我等着他工作，您看我负伤有病，杨尚昆去前方了，总政已经空了，你如不同意邓小平来，那就你来兼任总政主任，我不干了！"博古和王稼祥是莫斯科留学的同窗好友，私交甚深，博古平时也很尊重王稼祥的意见，也知道邓小平性格刚强，但是办事老练，是个人才，于是便答应与组织局长李维汉商量此事。两人商量后决定让邓小平担任中央军委总政治部代理秘书长。就这样，在王稼祥等人的鼎力相助下邓小平走出了政治生涯中的第一次困境。

五、主编《红星》报

邓小平从宁都策马来到红都瑞金，与王稼祥、贺昌等人会面，随后在红军总政治部担任代理秘书长，由于秘书长一职没有多少实际工作，邓小平申请办中央的机关报《红星》。从法国的《赤光》，到红都的《红星》，邓小平似乎与新闻报刊有缘，邓小平从1933年8月接任《红星》报主编，一直到1935年1月的遵义会议。在此期间，邓小平既要采访、组织稿件，又要编排版面、负责校对。尽管编务繁忙，条件有限，但是邓小平还是竭尽全力把《红星》报办成了红军一流的报纸。邓小平到编辑部后，首先抓的是报纸的质量。邓小平在《红星》报先后开设了"列宁室"、"捷报"、"前线通讯"、"铁锤"、"法厅"、"卫生常识"、"俱乐部"等17个栏目和副刊。《红星》报像是一面大镜子，红军工作和生活的方方面面在上面看得清清楚楚；它像是一架大无线电台，红都和地方的战斗消息，以及全世界工人农民的生活情形都可以通过它传到同志们的耳朵里；它还像是一个政治工作指导员，告诉同志们哪些工作做得对，应该怎样去做；它更像全体红军的俱乐部，讲故事、做游戏、变把戏给大家看。《红星》报栏目众多，内容丰富，生动活泼，深受红军指战员和人民群众的欢迎，发行量达17300多份，仅次于《红色中国》、《青年实话》，成为中央苏区三大报之一。

第三章　戎马倥偬练出的真英雄

第一节　第二次国共合作

一、八路军总政治部副主任的任命

1937年7月7日，在日本侵略军的阴谋策划下，举世震惊的卢沟桥事变爆发了。此后，日本侵略者连续不断向华北增兵，发动了对中国的全面的侵略战争，苦难深重的中华民族也从此开始了一场异常艰苦的抗日战争。就是在这场战争中，中国最伟大的一支部队——中国国民革命军第八路军产生了。在八路军的重要将领中，邓小平是最为杰出的指挥员之一。

7月15日，卢沟桥事变之后仅仅八天，刚结束长征不久的中国共产党向国民党提出了《中国共产党为公布国共合作宣言》，表示愿意在与国民党共同抗日的基础上，把红军改编为国民革命军，在部队的编制、番号和人数等方面做出了一定的让步。迫于华北、华东的紧张形势，以及全国人民强烈要求共同抗日的压力，国民党政府和蒋介石不得不开始认真地对待国共合作这一重大问题。

8月，国民党在南京召开国防会议。共产党应邀派周恩来、朱德、叶剑英率领的包括邓小平等人在内的代表团赴南京参加军政部谈话会，并同国民党进行谈判。此时，邓小平刚刚33岁。当时会议要起草一个关于抗战中的政治工作的文件，国民党方面竟没有人能够胜任，于是邓小平临危受命，主笔一气呵成，正是邓小平起草的这个文件促成了这次会谈的成功，也让国民党见识到了共产党员的优秀才干。

8月22日，南京国民党政府军事委员会正式发布命令，将红军改编为国民革命第八路军，任命朱德、彭德怀为正、副总指挥。8月25日，中共中央革命军事委员会发布改编命令，宣布中国工农红军第一、第二、第四方面军和陕北红军改编为国民革命军第八路军。红军前敌指挥部改为第八路军总指挥部，任命朱德为总指挥，彭德怀为副总指挥，叶剑英为参谋长，左权为副参谋长，任弼时为政治部主任，邓小平为政治部副主任。八路军下辖第一一五、一二〇、一二九三个师。

国共两党的第二次合作，是建立在神圣抗战的基础之上的。这一合作，受到了全国人民和各界各阶层人士的热烈欢迎。

二、群众工作深得人心

八路军政治工作的一个很重要的内容，就是认真学习和领会中共中央关于国共合作和抗日统一战线的方针政策。这正是邓小平同志在抗日初期所担负的重要工作，因为任弼时同志常驻党中央所在地延安，所以八路军总政治部的日常工作实际上主要是由邓小平同志主持并负责的。

那时八路军总部设在陕西三原的云阳镇，地处抗战前方。抗战初期，政治部的工作十分繁忙，邓小平带领的政治部同志们要管理人员的调动和分配，要管理干部，要对部队进行思想教育，要做统一战线工作，还要负责我军对日军的地下工作。受抗战的影响，在共产党号召一致抗战的感召下，全国各地许许多多青年学生都来到陕北要求参军。接待这些前来参军的青年学生们的工作就都归政治部负责。八路军还要办报纸，所有社论都要经过邓小平同志批准。有一次，八路军和国民党的军队开联欢会，国民党的军队衣着光鲜，而八路军的战士们的衣服则略显破旧。可是，八路军的战士们又是唱歌，又是喊口号，士气高涨。相比之下，周围观看的老百姓都说："国民党的军队好看，不好吃；共产党的军队不好看，好吃！"那时候，老百姓害怕国民党的军队，因为他们盛气凌人，对待人民群众又抢东西又抢人，所以老百姓一看见他们就跑。红军改编为八路军后，虽然穿着国民党的军装，但老百姓看见了却不跑，因为他们一看就知道这个"国民党军队"就是原来的红军。共产党的军队和国民党的军队之在气质上、在风格上，特别是在对待人民的态度上是如此的截然不同，这与八路军总政治部的思想工作是分不开的。当时，总政治部的目标，就是要在思想上、在组织上、在一切方面为奔赴抗日战场做好准备。

邓小平曾派王平去了解部队情况。当知道部分士兵对于改编还有不满意情绪时，邓小平就多次深入部队宣讲形势，讲统一战线思想，讲为什么由红军改编为八路军，讲党的洛川会议精神。为了适应抗战的新形势，广泛地发动群众参加抗日斗争，邓小平还在一一五、一二〇两个师政治部门领导会议上指示，要结合战争形势，迅速建立战功会，大刀阔斧地开展群众工作。邓小平还就宣传抗日、组织群众武装、培养干部、开展游击战、创建根据地等方面,做了大量的工作。轰轰烈烈的群众动员、组织工作,使抗日斗争进入了一个新的阶段。

第二节 百团大战

一、"面向交通线"作战

自1939年冬以来,日军一方面以铁路、公路为支柱,对抗日根据地进行频繁扫荡,企图割断太行、晋察冀等战区的联系,并在荒原挖沟筑堡,试图阻碍抗日力量的进攻,推行所谓"以铁路为柱,公路为链,碉堡为锁"的"囚笼政策",借此控制并逐渐缩小抗日力量。另一方面,对国民党集团加紧逼降和诱降。1940年8月12日,为了沉重打击日本的"囚笼政策",抵御国民党投降的危险,鼓舞全国人民战胜日本的斗志,八路军在华北发动了一场规模最大、时间最长、对全国战役发生重大影响的百团大战。

师长刘伯承、政委邓小平指挥一二九师在百团大战中出动了46个团的主力部队,与其他师团一起浴血奋战,取得了辉煌战绩。这次战斗声势之浩大，规模之壮观震撼了中华大地。在百团大战中，邓小平成功地运用一系列军事谋略，表现出卓越的军事才能。1940年8月18日，刘伯承、邓小平在前方指挥所和顺县石拐镇召开了左中右三路突击部队指挥员会议，传达了总部命令，研究了作战部署计划。邓小平简明阐述了战役的重要性，他指出：打好这一战役不仅对推动全国抗战、提高有志人士坚持抗战信心有重大意义，而且对国际反法西斯的斗争也会产生重大影响。随后邓小平和刘伯承夜以继日到前线视察，指挥了这一破击战役。

为了粉碎日寇的封锁，邓小平果敢地提出了"面向交通线"进行总破击的军事战略，目的在于彻底破坏敌人的交通线。为此，八路军必须主动地展开"大规模的破击交通线的斗争，以打击敌人的"囚笼政策"，迅速破坏日寇的交通命脉，使敌人兵力不能快速集结，以便分而歼之。破袭的主要目标放在正太铁路线上。在平汉、同蒲、白晋、平绥、北宁各线的军力都要配合作战。1940年8月20日，一二九师在正太路二百余里的铁路干线上，向日寇发动了大规模的破击战，他们纵横驰骋、出敌不意、攻敌不备，正太路沿线车站、桥梁、路轨、涵洞、水塔等建筑全被破坏，敌军许多重要据点如娘子关、阳泉、高碑店等被攻克,同蒲、德石、平汉、北宁等铁路和主要公路被切断,华北交通陷入瘫痪。仅1940年,一二九师进行的1410次战斗中,交通战达850次之多,占全部战斗次数的60%,给日寇以沉重打击。

二、"敌进我进"

为了还击日寇的大扫荡,刘伯承与邓小平根据对战争形势进行了分析,提出并灵活运用了"敌进我进"的方针,即当敌人主力进入根据地扫荡时,也派主力打到敌人后方交通线去。利用这一方针,一二九师在反扫荡斗争中获得很大的成功。所谓"敌进我进",并不是迎敌人之锋芒,与其硬拼硬打,而是在敌人进攻我方之时,趁敌军地区兵力空虚之际,进攻其大本营,尤其是破坏其交通线。我们采取敌进我进的方针,创立了如格子网般隐蔽的根据地,并在这方面积累了丰富的经验。敌我斗争形势下敌进我进,敌人一定要向我们前进,所以我们也一定要向敌人前进,才能破坏、阻止敌人的前进,巩固我们的阵地。犬牙交错的复杂斗争,要求我们细心了解敌人,善于发现敌人规律、善于钻敌人的空子,以争取更多的主动。邓小平强调,敌进我进方针的核心是争取在对敌斗争中主动与敌人开展各式各样的斗争，今后我们必须有计划地去开展敌后战争，开辟隐蔽的、小块的根据地。这不仅从积蓄力量准备反攻和战后着眼，还是坚持山地根据地和平原游击斗争的重要环节之一，是争取抗战胜利的重要手段。敌进我进的方针及其思想阐述，是邓小平对抗日游击战争战略方针的丰富和完善。

三、狼的机动战术

在革命战争的实践中，邓小平还善于运用狼的机动战术。狼的机动战术，就是采取方便灵活、机动自如的战略战术，正确掌握和运用敌情、地形、袭击时机和战术动作等，声东击西，神出鬼没，逐个消灭敌人的有生力量。采取小规模分散的灵活机动的战略战术，既可保存自身实力，又可消灭敌人力量。如果遇到敌人报复，可像狼一样灵活自如，随时撤退或钻入森林中，或藏到大山里，使敌人望尘莫及，恼羞成怒，这样我们就可以牵着敌人的鼻子走，掌握战争的主动权，然后给日寇以重创。如一二九师新十旅一部在和辽公路上的弓家沟伏击日寇汽车运输队，销毁汽车4辆，歼敌近百人；三八五旅十四团为阻击麻田之敌，在黄烟洞抗击日寇达三日之久，死死拖住敌人不让前进；继扫荡太行山之后，日寇又集结七千余士兵，进攻八路军太岳区的沁源及其以北地区，我军遂避其锋芒，攻其薄弱，在官滩、胡汉坪战斗中歼灭进攻之敌三百人。经过两个月的英勇作战，一二九师及兄弟兵团彻底粉碎了日寇的猖狂进攻。

1940年8月20日晚，八路军一二九师集中十倍于敌人的优势兵力，向正太铁路沿线之敌发起猛烈攻击。在狮垴山阵地，邓小平根据敌寇片山旅团长骄横暴躁的特点，预料战役开始后会纠集大部兵力进攻我军右侧，故派一二九师三八五旅在狮垴山凭险固守。三八五旅官兵不顾敌人飞机的轮番轰炸、低空扫射，英勇作战，激战六昼夜，打退敌人无数次进攻，不仅重创敌军，而且我方阵地稳如泰山，掌握了战争的主动权。

四、辉煌战绩

百团大战中，一二九师与其他兄弟兵团并肩作战取得了辉煌的战绩。总计破坏铁路240里，公路500余里，进行战斗529次，击毙日伪军7500余人。但是八路军也遭受了一定的损失。邓小平在《反对麻木，打开太行的严重局面》一文中指出:"百团大战给了晋冀豫边区各方面工作以极大的考验,也给了一二九师以最大的考验。百团大战证明了晋冀豫边区无论在军事上、政治上以及党和群众工作上,都有了相当基础,足使敌伪胆寒,足使全体军民具有充分的信心走向抗战胜利的道路。但百团大战同时也暴露了我们工作上的一些弱点,使得我们在百团大战之后,虽在主力兵团方面得到一些补充和休整,但在根据地的巩固上,则甚为严重。这表现在:敌占区日愈扩大,抗战区日愈缩小。"邓小平的总结是实事求是的,既看到了百团大战的重大影响及作用,又指出了不利影响及消极方面。显示了邓小平细微的观察力和实事求是的作风。

百团大战表现出邓小平卓越的军事谋略,包括知己知彼、敌后游击、从全局出发、不惜牺牲局部利益等。一二九师为中国革命锻炼和造就了大批优秀干部。有近百名一二九师老领导后来担任了党和国家重要职务,成为中国第二代领导集体的中坚力量,这些干部在革命斗争的实践中不仅增强了党性原则和军政技能,而且提高了政治文化素质。他们在日后的革命斗争中,为中国人民的解放和建设事业立下了卓越功勋。

百团大战是抗战以来我军空前的、积极的向日寇发起的大会战，它沉重地打击了日寇，振奋了全国军民坚持抗战胜利的信心，提高了八路军的威望。百团大战的胜利，归功于中共中央正确的领导；归功于以毛泽东为首的杰出军事家从实际出发，料敌制胜，打败日寇的军事谋略；归功于广大官兵团结一致，浴血奋战，不怕牺牲，共御外侮的崇高的爱国主义精神和英勇拼搏的革命精神。百团大战的发起和胜利，使共产党人"游而不击"的谎言不攻自破，沉重打击了日本帝国主义的嚣张气焰，极大地鼓舞了中国人民的抗战信心，向世人宣布了英雄的中国人民是不可战胜的，粉碎了日寇企图速战速决、妄图灭亡中国的迷梦。

第三节　挺进大别山

一、战略进攻

抗日战争胜利不久，蒋介石反动政府利令智昏，对全国人民渴望和平民主、反对内战的呼声置若罔闻。在美国政府的支持下，公然推翻政协决议，撕毁停战协议。于1946年6月大举进攻中原解放区，掀起空前规模的内战。

解放区军民正确执行中共中央、中央军委制定"以歼灭敌军有生力量为主要目标，不以保守或夺取地方为主"的正确战略方针，经过一年的内线作战，取得了歼敌112万人的胜利，粉碎了敌人的全面进攻。到1947年6月，国民党军队的总兵力已由战争开始时的430万人降到373万人。其中正规军由200万人降到150万人。我军的总兵力由战争开始时的127万人上升到195万人。这一年我军胜利地粉碎了敌人的全面进攻，并有力地打击了敌人的重点进攻，奠定了我军转入战略进攻、全部歼灭敌人的基础。

党中央早已预见到革命战争的进程，人民解放军必将转入战略进攻。当时的战场形势是：在北线，国民党已经完全处于被动地位；在南线，国民党还在对我陕北、山东两地实行重点进攻，其主力已深深地陷入这两个战场。而连接这两个战场的中间地带，即晋冀鲁豫战场，国民党的防御力量大为削弱。因此，国民党指望以所谓能代替40万大军的黄河天险来阻挡我军的进攻。国民党在中原地区，则兵力薄弱，只有13万兵力，守备空虚。针对这种情况，中共中央及时把战略防御转入战略进攻，进攻矛头指向敌人军事薄弱的地方大别山。

为了实现千里跃进大别山，夺取中原的战略计划，中共中央作出了三军配合、两翼牵制的战略部署。三军配合是这样安排的：以刘伯承、邓小平率领的晋冀鲁豫野战军主力，首先突破黄河天险，而后挺进大别山；以陈赓、谢富治指挥的晋冀鲁豫野战军第四、第九纵队和第三十八军挺进豫西，在豫、陕、鄂边实施战略展开；以陈毅、粟裕指挥的华东野战军六个纵队组成一个兵团，并指挥晋冀鲁豫野战军第十一纵队，在豫皖苏边区实施战略展开。三军形成品字形阵势，互为犄角，机动歼敌。两翼牵制为：以彭德怀指挥的西北野战军出击榆林，调动进攻陕北的敌人北上；以许世友、谭震林指挥的华东野战军四个纵队组成的东线兵团在胶东发动攻势，把进犯山东的敌人引向渤海边。

为了加强对中原地区的统一领导，中共中央于1947年5月16日决定成立中原局，邓小平兼书记，郑位三、李先念、李雪峰为副书记。

1947年6月30日晚，刘、邓大军主力采取声东击西突然袭击的方式，在山东东阿至淮县30余里的地段上一举突破了黄河天险，揭开了战略进攻的序幕。

二、大别山里的故事

刘、邓大军进入大别山时，对大军造成威胁的是急需南下的国民党军十九个旅，既要开辟根据地，又要牵制敌人。刘、邓命令一、二纵在大别山北部牵制尾追的敌人；三、六纵向南出击，抢占南线。当刘邓部署战略时，蒋介石急令三十三个旅急攻大别山区。敌军武器精良，人多势众，气焰嚣张；我军远道而来，缺弹少药，十分疲惫。尽管如此，刘、邓还是决定在大别山北部拉开战场。

一个月打了三仗，一直没有全歼敌军五十八师，仗仗不理想，再加上这一地区曾为红军根据地，红军走后，国民党对当地群众进行了残酷的镇压。我军到后，反动势力威胁群众、断我军粮，使部队吃不上饭、找不到向导。其二，我军由北方到南方，由平原到山地，吃不惯大米，走不惯小路，穿不惯草鞋，加上言语不通，使部队面临敌人的重兵，我军为牵制敌人连续急行军、夜行军，战士因极度疲劳而产生了畏难情绪。面对困难，部队开始士气低落。更有一部分人开始逃跑，甚至整班的逃跑。环境恶劣，纪律松懈，军心动摇，摆在面前最大的问题是，部队能否在大别山生根？

1947年9月27日，20多位纵队和旅指挥员挤在光山王家大湾一间破旧的祠堂里，刘伯承和邓小平神情凝重地走进屋，20多人齐刷刷站起，门边几个人迎上去，习惯性敬礼，伸出了双手。邓小平还礼的手在空中一摆："仗没打好，不握手了。"他径直走到桌前，请刘伯承坐下，然后用灼人的目光扫视会场，又说了一遍："仗没打好，不握手了。"会场里鸦雀无声，20多人谁也不敢吭声。

过了许久，邓小平说到："同志们，对于我们所执行的战略任务，过去曾强调了多次。就是我们已经到了大别山下，下一步就要坚定不移、义无反顾地创建大别山根据地。对此不能有丝毫的怀疑、动摇。在座的都是高级干部，高级干部就应该越是在困难的时候越要以身作则，鼓励部队勇敢地战胜困难，消灭敌人。否则，你这个干部高级在哪里？当然，我们并不否认困难，但更重要更迫切的是必须增强斗志，反对右倾思想，克服纪律松弛等不良倾向。而这一切，首先我们领导干部要带好头。请大家想一想，这个头你带好了没有？这个问题不解决，我们将一溃千里，只好退回黄河北，把到手的胜利再还给蒋介石。"

"邓政委讲，这是'不握手'会议，让我说，这也是一次'安卵子的会议'。有些干部缺乏勇气，没有卵子，不像个男子汉。没办法，只好开个会，安上一副！"一向儒雅的刘伯承生起气来，粗话也十分惊人，简短几句话，令这些血性男儿躁动不安。

邓小平接着说："创建大别山根据地是毛主席制定的战略方针，是我们坚定不移的政治任务。我们编的那首歌唱的好，'大别山好比一把剑，直插到蒋介石的心里面'。只要提高信心，增强斗志，就一定能在大别山站稳脚！一定能把蒋介石彻底粉碎！"这次不握手的会议，坚定了全体指战员的信心，鼓舞了全体指战员的士气。

1947年的寒冬，刘邓大军的主力长驱直入，逼近长江，大有挥师渡江之势。蒋介石一面急令海军总司令桂永清坐镇九江，指挥军舰封锁江面，一面督促第四十师和八十二旅不惜一切代价向长江边开进，阻击刘邓大军过江。国民党在大别山的兵力，大都被牵制在湘南和皖西，只有整编四十师一直尾随刘邓大军。在蒋介石驱使下，孤军前进。在高山铺峡谷地段，刘邓诱其钻入口袋。该师成为瓮中之鳖，全军覆没。高山铺大捷的消息传到延安，毛泽东主席悬着的心轻松了许多。他对周恩来说："高山铺的意义不仅仅在于消灭敌人一万多人，也不仅仅因为这一仗打得漂亮，它的全部意义在于我军已经能够在大别山进行大兵团作战，刘邓在那里站住了阵脚，倘若十万人的冬衣能够解决，就是天王老子也赶不走他们了。"

十万人的寒衣怎么解决呢？周恩来亲自拍来电报，说党中央和解放区人民正在筹集棉衣，准备调部队护送去。关山阻隔，封锁重重，党中央用骡马送寒衣，敌人能不前堵后截吗？这该花多大代价，用多大的牺牲，才能护送到目的地？为了减轻中央的负担，节约人力、物力，邓小平和刘伯承研究就地解决冬装的困难。邓小平亲自与后勤部研究自制棉衣问题说："在筹集原料时，一定要注意工商政策。就是地主、资产阶级开的店铺，买布买棉花，也一定要按价付款。人已逃亡者，可以留下借条。刘伯承、邓小平和普通战士一样，亲自动手染布、弹棉花、缝衣服并下到部队做指导。不久，全军在刘伯承、邓小平的带领下，都穿起了新棉衣。

邓小平说："我们这个军队有一个最大的长处，只要自己动手，没有解决不了的困难。"对刘邓亲自解决了十万冬装，毛泽东深受感动，连连说："刘邓不简单。"

1947年12月，刘邓大军完成了千里跃进大别山、挺进豫陕鄂，调动山东、陕北两重点战场敌军主力回援的战略目标，并在大别山站稳了脚跟。根据战略需要，军队指挥部一分为二：后方指挥所率第一纵队北渡淮河，转出大别山，会同陈粟、陈谢部队牵制敌人，开辟中原战场。前方指挥所则留守大别山，指挥二纵、三纵、六纵进行游击战争，巩固根据地。对于如何分工，邓小平对刘伯承讲："'后指'移向淮西，有利于指挥全局作战；'前指'留在大别山与敌周旋，多拖住一些敌人，也利于全局的展开，两副担子哪个也不轻。我到底比你年轻，身体比你好，适合留在大别山。你到淮西指挥全局，这也是从实际出发嘛。"刘伯承知道，一旦敌人发现有部队转到外线去，邓小平的形势更加险恶，于是坚持把警卫团给邓小平留下了。

1948年2月，奉中央之命，邓小平率大别山前方指挥所北渡淮河，转出大别山区，与刘伯承领导的后方指挥所在安徽临泉地区会合。自此，邓小平走出了大别山，到更广阔的战场上，去进行更大规模的战斗。

刘、邓大军千里挺进大别山，犹如一把利剑插入蒋介石反动统治的心脏。它标志着中国人民解放军从此由内线作战转为外线作战，由战略防御转入战略进攻，这是蒋介石的20

年统治由发展到衰亡的转折点。伟大的政治军事家邓小平在这次改变中国命运的战略进攻中所表现出来的运筹帷幄、从严治军、大智大勇亦将永载史册，铭记人心。

第四节　淮海战役

1948年5月，为迎接全国的胜利，协调中原各解放区及地方武装部队的行动，中共中央、中央军委决定成立中原军区，下辖7个军区，任命刘伯承为中原军区司令员，陈毅、李先念为副司令员，邓小平为中原军区政委，邓子恢、张际春为副政委；同时，晋冀鲁豫野战军改名为中原野战军；并决定中共中央中原局由邓小平任第一书记，陈毅任第二书记。

在中原、华东战场，到1948年秋季，人民解放军力量有了很大发展。中原野战军辖7个步兵纵队15万人，中原军区部队20余万人；华东野战军辖15个步兵纵队和1个特种兵纵队36万人，华东军区部队30余万人。济南战役胜利后，华东野战军主力位于济南、滕县之间，一部位于山东省临沂、夏庄地区和江苏省宿迁地区休整，积极进行新的作战准备。中原野战军主力于10月下旬解放郑州、开封，另一部活动于豫南、鄂北地区。华东、中原两野战军已能在统一指挥下进行战役上的相互配合，协同作战。中原、华东解放区空前巩固。

当时国民党以徐州为中心的兵力部署情况是这样的：黄百韬的第七兵团防守徐州以东的陇海线为东线，孙元良的第十六兵团驻守徐州西面作为西线；冯治安的第三"绥靖"区的军队放在徐州东北面的台儿庄、枣庄地区挡头阵；邱清泉的第二兵团和李弥的第十三兵团居中策应；李延年的第九"绥靖"区和刘汝明的第四"绥靖"区，分布在徐州的东西两侧，以刘峙、杜聿明为首的徐州"剿总"驻守徐州指挥。从整个兵力部署看，黄百韬的5个军从徐州以东到东海边，沿陇海路摆开，夹在山东和苏北两解放区之间，所处位置比较分散和孤立。

11月7日－9日，中共中央军委和毛泽东根据辽沈战役后全国军事形势的重大变化，和中原野战军攻克郑州后迅速东进，正同华东野战军会合等情况，以及刘峙集团有向南撤退的征候，批准前线指挥员的建议，决定扩大淮海战役的原定规模，由华东、中原两野战军联合进行淮海战役，由原来计划歼灭刘峙集团一部的战役企图，发展成为全歼该集团的战略决战性战役。11月16日，中共中央军委决定，由刘伯承、陈毅、邓小平、粟裕及谭震林5人组成总前委，刘、陈、邓为常委，邓小平为书记。

在淮海战役中担任总指挥的邓小平，从战场实际情况出发，发挥领导集体的智慧，对战役的开展做出一系列正确的决策，创造性地执行了毛泽东拟定的战役作战方针。同时，他运用周密的组织发动和深得人心的政策，使得广大人民群众倾力支援前线。而贯穿战役全过程的政治工作，在提高人民解放军战斗力和瓦解敌军士气两方面，都起到了不可替代的作用。

华东、中原两大野战军经过66天的激烈作战，歼灭和争取起义、投诚国民党军1个"剿总"前进指挥部、5个兵团部、22个军部、56个师，共55.5万余人，其中包括号称"五大主力"的第5军和第18军。人民解放军伤亡13万余人。至此，南线国民党军的精锐主力已被消灭，长江中、下游以北广大地区均获解放。人民解放军兵临长江北岸，国民党的政治经济中心南京、上海等地已处于人民解放军的直接威胁之下。毛泽东欣喜地指出，淮海战役的胜利，不但长江以北局面大定，即全国局面亦基本上解决。

第五节 渡江战役

一、将革命进行到底

辽沈、淮海、平津三大战役胜利后，全国解放战争形势发生了根本性的变化。通过三大战役，我军共歼灭国民党正规军144个师，非正规军29个师，共计154万余人，国民党赖以维持其反动统治的主要军事力量基本上被摧毁。剩余兵力在战略上已无法组织起有效防御。国民党集团在政治和经济上都陷入了困境；而我军已解放东北全境、华北大部、西北一部和长江中下游以北广大地区，各解放区已连成一片。人民军队的总兵力已发展到400万人，而且士气高昂，武器装备也得到很大的改善，在三大战役中积累了宝贵的大兵团作战经验，已完全有把握在全国范围内战胜国民党军。但蒋介石仍不甘心失败，在美国的策划下，企图以"和平谈判"为手段，达到"划江而治"的目的，同时在军事上争取喘息的时间，调整部署，保存和扩大残余势力，企图凭借长江天险阻我南进。

1948年12月30日，毛泽东在写的1949年新年献词《将革命进行到底》中，根据当时的形势，首先揭露美帝、蒋介石正在酝酿着的"和平"阴谋。毛泽东号召全国人民、各民主党派、各人民团体真诚合作，粉碎美帝国主义和国民党反动派的政治阴谋，将革命进行到底。

二、指挥渡江战役

1949年3月5日，中共中央在西柏坡召开了七届中央委员会第二次会议。会议决定：批准召开新的政治协商会议以及成立民主联合政府的建议；人民解放军应争取解放长江以南的华中、华南各省及西北地区，完成渡江后，有步骤地稳健地向南方进军；解放军应把工作重心转向城市，先占领城市，后占乡村。3月14日，中央召集了一个座谈会，议题是对各大战略区的人事安排提出方案并作出决定。中央军委将人民解放军整编为四个野战军，邓小平任第二野战军政委兼中共华东局第一书记。同时，原淮海战役总前委改为渡江战役总前委。在西柏坡参加会议时，毛泽东亲口对邓小平说："交给你指挥了。"毛泽东对邓小平说这句话，这已不是第一次了，在淮海战役时，毛泽东也这样说过一次。两次说起这句话，充分体现了毛泽东对邓小平的信任。

3月26日，总前委在蚌埠附近，召开了二野、三野高级干部会议，邓小平主持讨论渡江作战方案。会议指出，1949年上半年要打过长江。和谈成功了，即利用和平方式渡江；和谈不成功，即利用战斗方式渡江。3月31日，总前委和高级干部会议在合肥的瑶岗召开，讨论渡江战役的作战方针及其部署问题。邓小平从战略全局出发，统筹谋划，深谋远虑，提出了很多战略见解，在渡江战役中发挥了重要作用。邓小平提纲挈领地分析了斗争形势，确定了战役的部署，充分预计了战役可能发生的变化，并提出了正确的对策和工作重点，规定了各个作战集团的任务。执笔拟写了《京沪杭战役实施纲要》。这个纲要规定，战役分三个部分进行：第二、三野战军分东、中、西三个集团，采取正面、有重点的多路突击法第一阶段完成渡江任务，实行战略展开；第二阶段割裂和包围敌人，切断退路；第三阶段分别歼灭被围之敌，完成全部战役。歼灭敌军集结于上海至安庆段之兵力，占领苏南、皖南、浙江全省，夺取南京、上海、杭州后，彻底摧毁国民党反动政府的政治、经济中心。《京沪杭战役实施纲要》报经中央军委批准后，成为我军渡江战役的行动纲领。

4月3日，毛泽东批准实施渡江战役，时间为4月15日。中央军委4月10日询问总前委：我们和南京代表团的谈判已有进展，如果此项协定签订成功，则原先准备的战斗渡江改为和平渡江。因此，渡江时间势必推迟半个月或一个月。总前委通过实地调查向中央军委报告说："长江每年阳历5月初开始发大水，而且5月的水比7、8月还大，两岸湖区均被淹，长江水面极宽，届时渡江将发生极大困难；同时，我百万大军拥挤江边，粮食柴草均极困难，如推迟过久，则必须将部队后撤以筹粮筹柴草。所以只有在能保证和平渡江的条件下才好推迟时间，否则亦应设想敌人翻脸。按目前情况，立即渡江，把握颇大；先打过江，然后争取和平接受更为有利。"中央军委高瞻远瞩，既充分考虑各方意见，体察实情，又坚持服从政治斗争之必须，遂于4月15日电示总前委，将渡江时间推迟到22日，并假定若政治上有必要，还须再准备推迟7天间。

邓小平考虑到问题的严重性。一方面向军委报告实际上的困难及解决困难的意见，一方面对部队加强解释教育。邓小平给师以上干部如下指示：此次我军推迟一星期渡江，完全是政治和军事上所采取的必须步骤。因此必须在师以上干部中说明下列诸点：一、和平谈判颇有进展，有可能在最近签订协定。此种协定实际上就是国民党的投降，于全局和人民有利。二、我们渡江，应站在政治上最有利的地位的基础上进行渡江。如果谈判破裂，责在对方；如果协定签字后对方不实行，其责任亦在对方。全国人民必定更加拥护我们，届时无论和平渡江或者战斗渡江都更有利。三、要估计到现在国民党军队大部分还掌握在蒋介石党羽手上，即使签了协定，他们都还有继续抵抗的可能，所以我们一切应从战斗渡江出发。而且因为敌人必然利用此时间加强其沿江军事准备，故我们亦应利用此时间更充分地进行军事准备。四、如果政治上需要时，还可能再一次推迟几天。所以在部队中要一面防止急性病，一面防止战斗意志的松懈。五、大家最担心的季节和江水问题，中央对此亦极重视，计算时间，在4月底以前，江水尚不至有大变化。六、时间推迟的另一大问题是粮食、柴草、油盐，各兵团必须具体计算，拟出办法，望告我们以妥善解决。七、在延长渡江的时间内，中心工作仍应放在加强战斗准备上，但亦可利用此时间传达二中全会决议。邓小平和陈毅拟定的这份产生于4月12日的指示，是关于军事政治谋略的好教材，不仅系统地传达贯彻了中央军委近期的一系列指示精神,而且对中央军委关于在下达推迟渡江至20日的命令时,"不要说是为了谈判,而要说是为了友军尚未完成渡江的准备工作,以免松懈士气"的指示并未完全照办。他们认为从正面加以解释推迟渡江的原因,不会松懈士气,故把和平谈判与渡江的关系及推迟的理由,从政治与军事两者相互关系上加以解说,把"底"交给干部群众,解开他们心里的疙瘩,使他们对军委更加信赖,斗志更加旺盛,因而得到军委好评。邓小平在应对渡江时间变化过程中所显示的才能,确实使人深感毛泽东评价他"人才难得"和"柔中有刚,绵里藏针"确为精到之处。

4月15日,中共代表团在尽可能地采纳对方提出的意见后,提出《国内和平协定》(最后修正案)。4月20日,国民党拒绝在协议上签字,和谈宣告破产,我军于当晚8时发动了渡江战役。当天黄昏,担任中路突击集团的三野第七、第九兵团早早就将炮火准备好了。他们登上木帆船,在当涂到贵池一段,乘昏蒙的夜色,首先向江南驶去,发起了多路强渡。其中,中路强渡由三野副政委谭震林亲自指挥。当时,只听见万炮轰鸣,只看见战士们怀着对敌人的仇恨,冒着敌人的炮火,以雷霆万钧之势,勇猛冲锋,于当天夜里将国民党惨淡经营的长江防线撕开了20多里的大缺口。不到24小时，30万人民解放军即已突破敌阵，占领长江南岸的广大地区，随即又继续向繁昌、铜陵、青阳、荻港、鲁港诸城进击，中路大军强渡成功了。接着由二野组成的西路大军也驰向彼岸：由陈赓统率的第四兵团，从彭泽到马当突破；由陈锡联统率的第三兵团在大渡口至乌江闸之间突破；由杨勇统率的第五兵团在望江到大渡口之间突破。在激烈的炮火声中，江面上响起一片壮烈的口号声。大家高喊着："打过长江去，解放全中国。到达对岸就是胜利！真英雄真好汉，就在长江南岸见。"喊声震天，相互鼓舞，彼此声援。西路大军遇到的敌人也和中路一样，纷纷溃退，毫无斗志，解放军所遇到的抵抗，甚为微弱。

21日，汤恩伯亲到芜湖督战，但早已无济于事。就在汤恩伯在芜湖督战的当日，被蒋介石视为"固若金汤"的东西防线也被突破了。22日，解放军解放了贵池、彭泽、安庆等地，猛扑浙赣线，向敌军纵深进攻。东路大军也于当晚7时发起攻击。第十兵团第二十三、第二十八、第二十九军组成第一梯队，在张黄港至七圩港一线强渡长江。战船冒着密集的炮火向前猛冲，首批八个团的兵力，在不到1个小时的时间里就登上南岸，歼灭了据守敌军，建立了东西50余公里、南北10余公里的滩头阵地。同时，争取了国民党军江阴要塞守军7000余人起义，控制了江阴炮台，封锁了江面。

在第二、第三野战军渡江作战的同时，第四野战军先遣兵团和中原军区部队占领武汉以东以西的地区，直逼武汉，有力地牵制了白崇禧集团，保障了第二野战军渡江作战侧翼的安全。就这样，在人民解放军一往无前的进攻面前，敌人精心布防三个月的长江防线被全线突破，渡江作战取得了伟大的胜利。

蒋介石得知我军发动渡江战役的消息时，犹如五雷轰顶，他万万没有想到解放军动作是如此之快。在这危难时刻，蒋介石强打着精神，发出了一道又一道的命令："告诉汤恩伯！让他给我好好地打，一定要守住长江天堑，不让共军过江！""告诉白崇禧和谈已经破裂，华中地区全靠他了。"尽管蒋介石气急败坏，告急、失败的电话还是一个接一个地打来。当听到江阴要塞失守的消息时，蒋介石瘫倒在地。

21日子夜过后，毛泽东收到大军成功渡过长江的消息，立即以军委名义向邓小平总前政委发出复电，庆祝七、九两兵团渡江胜利。解放军百万大军胜利渡过长江，并于23日解放南京，27日占领苏州、杭州，先后解放了上饶、金华等地。5月，解放军先后占领温州、宁波以及浙东广大地区，解放军第一部占领南昌。5月17日解放武汉三镇。23日夜至27日，上海战役结束，至6月2日渡江战役胜利结束。

渡江战役历时42天，共歼灭国民党军队46个师，共计43万余人。在渡江战役中，邓小平一直作为总前委书记，举重若轻，文武并举，挥洒自如地驾驭全局，为解放南昌、杭州等江南地区及南京、上海等大城市做出了卓越的贡献。

第四章　西南局第一书记

第一节　解放大西南

一、明修栈道，暗渡陈仓

渡江战役解放了江苏、安徽两省全境和浙江省大部及江西、湖北、福建等省各一部分，这样全国除台湾外，还有两广、贵州、湖北、云南、四川以及西康等西南几省还未解放，其中四川省较之其他几省更为重要。蒋介石企图凭借嫡系胡宗南集团扼守秦岭天险，阻止解放军入川，以白崇禧集团组成湘粤联防，凭借两广作为固守西南的掩护，重温抗日战争时期国民党政府偏安西南一隅的迷梦。而早在渡江战役即将结束时，中共中央、中央军委和毛泽东就在对各野战军的进军部署中提出：二野应该准备两个月后"以主力或全军向西进军，经营川黔康"，"争取于年底或年底以前占领贵阳、重庆及长江上游一带，并打通长江水路"。这样，国共两党在西南地区展开了又一次大决战。

上海刚一解放，邓小平就为华东局、总前委起草致中央军委的电报：二野入川势在必行，且宜早行，必须积极准备于8月初出动，并请示："小平同志是否需要入川。"中央军委很快复电，指明西南地区的重心是四川，同意二野积极准备入川，并且明确要求"小平须准备去四川"。于是，二野在协助三野处理可能的美国军事干涉的任务同时，开始了制订军事计划、思想动员、物资筹措等各项解放西南的准备工作。

所谓知己知彼，百战不殆，刘伯承、邓小平通过西南地下党组织和各种关系，准确掌握了国民党军详细的防御作战计划：主力胡宗南集团辖五、七、十八兵团，依秦岭主脉构筑主要防线，并沿大巴山等山构筑第二道防线，阻解放军由陕西入四川；宋希濂集团辖十四、二十兵团与十六兵团配合，扼守川东门户；罗广文十五兵团置于南充等地，准备向川北或川东机动；另以几个军分散配置在公路沿线及两侧要点，或担任警备或监视地方实力派，防守不利则将西南主力退往四川、昆明，建都重庆，割据西南。上述部署表明敌人以四川为防守重点，坚守秦岭阻解放军由此入川。三国时期，就有魏国精兵由川北迅疾南下，以"奇兵冲其腹心"成都，最终灭掉蜀国的先例。他们认为，川北既是解放军入川捷径，又有陇海铁路与老解放区相连，补给问题较易解决。川东方向由于地势险要，交通不便，大兵团行动困难。加上川南和与之毗邻的云贵，又有白崇禧集团10万余人作翼侧保障，足以保证后方安全，故判断二野主力最大可能由这一方向入川。中共地下党组织通过秘密关系，强化了敌人的这种判断。

针对敌人的作战部署和西南地区的地形地势，我军反其道而行之，毛泽东和邓小平面谈决定：刘邓共50万人，率主力军于9月取道湘西、鄂西、黔北入川，11月可到，12月可占重庆一带，另由贺龙率10万人左右入成都。由刘邓贺等同志组成西南局，经营川滇黔康四省。从我军的部署中，正是从敌军意想不到、军事防守薄弱的四川东部和南部地区进行主攻。采取大迂回、大包围的作战策略。各野战军之间密切配合，分工明确。刘伯承、邓小平确定了西南作战的指导原则：切断敌人退路，全歼敌人于西南地区。即切断敌人从四川地区逃向云南和贵州的后路。根据我军的作战部署，贺龙率第十八兵团在秦岭一线与胡宗南对峙，一面是进而不快，突而不破；一面是或守或退，举棋不定。其实贺龙所率兵力并不多，通过不间断的"磁性"进攻，使国民党的主力部队胡宗南部牢牢地滞留于川北地区，这样既不会造成我军的损失，又有力地迷惑了敌军。

1949年11月1日，林彪、罗荣桓率第四野战军大张旗鼓地发起广西战役。同时，趁蒋介石集团高层军事指挥系统注意力集中于华南战局之际，刘伯承、邓小平率领第二野战军采取声东击西的策略，悄无声息地拉开了解放大西南的帷幕。而刘、邓作战命令中明确规定："于11月20日前攻占贵阳、黔西，而后以一个军留置贵阳地区，捕缴散匪，维护交通，兵团主力则应于12月10日以前经毕节进击宜宾至纳溪地带之敌，协同第三兵团作战。"在如此长距离的大兵团作战中还把攻占各城镇的日期规定得如此明确，实属兵家罕见，这足以显示出刘、邓两位野战军统帅对第五军团的信任和此次作战的必胜之心。

二、三路大军包抄贵阳

杨勇、苏振华将军率领的第五军团兵分三路从湖南进军贵州，尹先炳军长和王辉球政委率十六军作为左翼，从湖南的洪江、黔阳越过清水江进入贵州的锦屏，向天柱、三穗、镇远进攻；赵建民军长兼政委率十七军和兵团直属炮兵团作为中路，从湖南怀化、新晃沿湘黔公路西进，经玉屏、镇远、黄平攻取贵阳；第三兵团副司令员杜义德指挥第十军作为右翼，从湘西的辰溪、凤凰进入贵州思南、石阡；张国华军长、谭冠三政委率十八军作为兵团的预备队随后跟进。三路大军以大迂回动作包抄贵阳。国民党方面，担任贵州省主席兼绥靖公署主任的谷正伦手中仅控制着刚刚整编的四个保安旅约一万多人，正规部队的指挥权掌握在十九兵团司令何绍周手中，实际上全部加起来也只有两三万人。虽然谷正伦与何绍周早就知道刘、邓的第二野战军把解放大西南作为1949年冬的主要任务，但他们认为，贵州为西南地区的腹地，北有胡宗南三个兵团重兵把守四川，东有白崇禧的几十万部队陈兵于湘桂，"衡宝战役"中虽然解放军占领湘南、湘西地区，但是湘黔边界地势险要，有险山恶水相阻。没想到人民解放军似凌空而降，11月4日攻占天柱，贵州由战争的后方变成了前线。用兵狡猾的白崇禧获悉解放军主力进攻贵州时，不仅不组织军队拦击，反而命令部队急速后缩退守广西，而远在川北的胡宗南鞭长莫及，远水救不了近火。谷正伦、何绍周惊慌失措，顿时乱成一团。谷正伦紧急召见何绍周要求他调遣部队加强贵州东部防守，但此时何绍周所率的四十九军已是捉襟见肘，拿不出多少兵力来，匆忙之下只好调一个团仓促上阵。两军作战，最忌匆忙调动，再加上人民解放军为大兵团，即便何绍周调多少部队也如飞蛾扑火，不能抵挡。我军势如破竹，似秋风扫落叶般突破了国民党军队守御黔东的第一道防线。

人民解放军突破第一道防线后，敌军以鹅翅膀、刘家庄、黄土坡的几个山头作为防御阵地，并凭借镇雄关的陡峭山地想阻挡我军的进攻，十六军军长尹先炳和政委王辉球分析敌情与地势之后，决定先派一个营绕过鹅翅膀，直插侧后的刘家庄，从鹅翅膀背后发起攻击。但是镇雄关的800米陡峭山地始终是我军的拦路虎，既无法攀爬，也无法绕过，受领任务的三营虽然骁勇善战，熟悉穿插作战的部队，但是他们之前多数是在平原上作战，偶有山地，也没有贵州的山势陡峭。我军战士并没有因此气馁，深入当地的群众之中，进行调查，在一位熟悉地形的老人的指点下，二营五连从另一条平日人迹罕至的山间小路摸上去，经过三个小时的攀爬终于绕到鹅翅膀侧后山上，这样，我军主力正面向鹅翅膀发起猛烈攻击，五连从后方直捣敌人老巢。经过两个多小时的前后夹攻，全歼敌军。

11月10日，刘、邓首长电令第五兵团："务必于11月15日占领贵阳。"攻占贵阳的任务比原定日期提前了5天！

杨勇、苏振华将军收到刘、邓首长的电报后，迅速向左、中、右三个军传达，改原先由十七军主攻贵阳的作战计划为十六军。尹先炳、王辉球接到指示后，不敢怠慢，立即展开地图谋划。两地相隔5座县城，距离700多华里，要在短短的5天之内攻占贵阳，意味着每天日行140华里。冬季的贵州阴冷潮湿，路滑难行，战士们还要负载枪支弹药和干粮，这又是一次生命和意志的拼搏。但兵贵神速，尹先炳将军率十六军日夜兼程，风驰电掣，所到之处经常是犹如天兵降临，打得敌人措手不及。11月9日占领施秉，11月10日攻下黄平，11月11日度过重安江，进占芦炉山、施洞口，11月12日拿下甘巴哨。刘、邓担心在四川的主力兵团不战而退，经由四川南部、贵州西部退入云南，带来后患，因此于11月11日电令第五军团迅速西进，12日我军解放贵定，13日进抵龙里，14日在寒冷的雨雾中攻进了贵阳。

这次战役，仅用13天就从湘黔边界攻到贵阳，战士们一路猛打猛追，不顾疲劳，不顾牺牲，平均每天攻克一座县城，又一次刷新了长途大追歼战中又快又猛的战绩。为了彻底歼灭弃贵阳西逃的敌人，十六军放弃了刘、邓首长"占领贵阳，休息时间不超过3天"的机会，14日下午匆匆忙忙吃完饭后，当天晚上就继续向西追击。一夜急行，第二天凌晨4时，攻下离贵阳40公里的清镇，敌人原以为解放军过两三天才会攻来，没想到他们在睡梦中便成了俘虏。15日当天，尹先炳军长又毫不停歇地率十六军一路攻取贵筑，直奔鸭池河畔的卫城镇，迅速控制了鸭池渡口。直到此时，他们才停下来休息，当时已经筋疲力尽，忘记了这半个多月来是怎么横越那无数云遮雾掩的崇山峻岭了。

　　第五兵团的另一只劲旅第十七军从湖南新晃进入贵州后，一路疾行，顺利解放了岑巩、余庆、瓮安、开阳、息峰、修文，切断了川黔公路上敌军之间的联系。由汪家道师长指挥的侦察连和前卫一四六团曾经四天四夜不扎营不休息，这展现了解放军战士能走能打的硬骨头作风。他们不间断的追击使敌人闻风丧胆，溃不成军。这样，贵州境内解放，大兵团作战结束。

解放大西南，重点在四川，我军采取"大迂回，大包围，大歼灭"的作战方针。承担迂回作战的第五兵团在解放贵州后，面临着更为重要的任务，拦截从四川南逃的国民党主力。刘、邓解放大西南的军事部署是派我方主力攻击贵州省的少数部队，用我方少数部队攻打敌方主力。形成贵州方面的以多打少，四川方面的以少打多。邓小平与刘伯承这样的军事部署不无道理，我军只有以优势兵力击溃贵州守敌，夺下贵阳，才能开辟一条横越贵州全境的通道。抢在四川敌军主力逃往川南之前，封锁逃难之路。这样，敌军南逃一部分，我军狙击一部分。可见刘、邓对"大迂回、大包围、大歼灭"战略战术的深层理解和灵活运用。

三、解放四川

按照刘伯承、邓小平的部署，在杨勇、苏振华将军率第五兵团进攻贵州的同时，第三兵团两个军以及第四野战军的八个师也分多路进攻四川。陈锡联司令员指挥第三军团由湘川边境隐蔽前进，进攻宋希濂的两个兵团。我军以王近山指挥的第十二军三十六师作先锋，三十四、三十五师随后跟进，经秀山、酉阳直趋彭水；曾绍山指挥第十一军沿石门、慈利、桑植攻击守御龙山、来凤的敌军，西进占领黔江；曹里怀指挥第四十七军从湖南大庸、桑植攻向敌军，以配合第三兵团作战；湖北军区独立第一师、第二师、第五十军则从湖北的巴东进攻。

防守四川东部的宋希濂直接指挥的军队大约有15万人，分布于湖北的恩施、巴东，湖南的大庸，凭借两湖西部地区的险要地势形成一条弧形防线。防止我军沿长江水路逆流而上或沿鄂西公路经宜昌攻取恩施进入川东。面对敌人依险扼守、层层布防的战略部署，取川东绝非易事。敌军道高一尺，我军魔高一丈，避重就轻。一方面，人民解放军第四十九军声势浩大地猛攻大庸、永顺，以此虚张声势；另一方面，集中优势兵力进攻敌人的"腋下"——川湘黔交界处的酉阳、秀山、彭水。这一地带地处三省的交界处，既没有兵驻守，也不在宋希濂的明确管辖之内，成为三不管的空白地。我军针对敌人防御系统的漏洞进行猛烈攻击。为了迷惑敌军，刘、邓还命令七个师沿川鄂公路向建始、恩施、宣恩进攻，另八个师沿川湘公路经湖南直奔湘川边境形成攻击钟彬十四兵团的架势，呈对敌军的正面压制之势，吸引敌军注意力。正所谓明修栈道暗渡陈仓，其实这两股军队只是虚张声势，我军真正的袭击方向是根据刘宗宽提供的情报，经茶峒过酉水河，从秀山插入川东。11月7日，宋希濂在来凤与钟彬等人商议怎么应对从正面进攻的人民解放军时，突然接到电话，说解放军已渡过酉水攻下秀山。这犹如晴天霹雳，惊得他目瞪口呆。他凭借军事常识认识到，国军已陷入解放军的包围圈之内了。解放军占领秀山后，向西可经龚滩渡乌江攻取彭水，向北可沿川湘公路经酉阳直插黔江，从侧后对他们在咸丰、来凤、龙山的几个军形成包围。

蒋介石被西南战事困扰，率蒋经国、俞济时、毛人凤等一大批军政大员飞往重庆，蒋介石派儿子蒋经国携自己的亲笔信到川东了解军情。即便这样，也无法挽回国民党的败局，解放军攻下彭水之后，第三兵团分三路大军20万人合力围歼敌人于白马山，钟彬在乌江下游的白涛镇被俘。仅20天时间，宋希濂的10万余兵力被歼灭。解放军兵临重庆城下。白马山失守后，宋希濂迅速率万余残军撤往川南。他在思考自己的退路，在蒋介石麾下20多年，他深知这位校长一贯的作风：打了胜仗是宠信有加，打了败仗不是撤职查办，就是军法处置，甚至有可能杀一儆百。所以他认为逃往重庆绝非上策，虽然听说共产党对投降的将领会有安排，俘虏的士兵们也没有被杀掉，但是耳听为虚，所以对共产党也是似信非信。最后决定逃亡中缅边境。

　　川东失守之后，重庆成为两军作战的战场。蒋介石下令成立重庆卫戍总司令部，由市长杨森兼任总司令，用川军第二十军的3个师在重庆南岸沿大兴场到九龙坡一带布防，凭长江天险死守重庆，并下令将胡宗南部的第一军调来重庆加强防御。胡宗南早已看出守重庆是一招死棋，投多少军队也是于事无补，软推硬磨地不肯接受命令，蒋介石亲自打电话大骂他目无党国，拥兵自重，他才不得已调去两个团应付，同时将罗广文的四个师调回重庆。11月25日，刘伯承、邓小平下令第三兵团第十二军去解放南川并进攻綦江罗广文兵团的第四十四军，然后直趋顺江场渡过长江迂回重庆；第十一军、四十七军向北追歼罗广文的主力并攻进重庆市中心；四十七军则由木洞镇至长寿的江面进击重庆。蒋介石本以为重庆位于长江与嘉陵江之间，地势险要，只要几个师能打硬仗，还是能守住的。没想到军队不听指挥，不肯拼命，临阵脱逃，蒋介石大骂将领有负他的重托，失去"黄埔精神"，另一方面暗中筹备向成都撤退。11月30日，人民解放军占领重庆，蒋介石乘专机逃往成都，重庆解放。

成都地处平原地区，易攻难守，为彻底歼灭敌军，刘伯承司令和邓小平政委做出继续西行、切断敌军退路的部署。此时国民党的抵抗力量主要是胡宗南部。彭德怀率第一野战军发起"兰州战役"，胡宗南部也制定了"兰州决战"的计划，以四个军的兵力进攻西和、宝鸡、虢镇，企图从左侧攻击我军。我军则令第十八兵团司令员周士弟从凤翔、千阳、宝鸡出发，发动打开四川门户的秦岭战役。周士弟与胡宗南是黄埔军校同一期的同学，没想到二十年之后在战场上兵戎相见。周士弟从侧后分两路发起对胡宗南的攻击，仅用4天就击退并歼灭了敌军5000余人，受挫之后，胡宗南率部退守秦岭、甘肃南部县城。川东防线击破之后，胡宗南意识到解放军声东击西之计，为了避免后路被切断，他放弃川陕边境防线，退入四川腹地，向成都集结。在攻克重庆之后，共产党部队意识到围歼四川境内的国民党军的时机成熟了，第一野战军和第二野战军密切配合，从东西南三面对成都形成袋状包围，一举全歼胡宗南守敌十万多人，很快便攻克成都。在云南地区，邓小平、刘伯承审时度势，军政兼施，恩威并重，成功说服了卢汉率部起义，云南也获得解放。至此，在刘伯承、邓小平的精心部署下，国民党失去在了大陆的最后一块统治地区，大西南四省全部解放。

29年前，16岁的少年邓小平，从重庆出四川，去寻找自己的人生路。今天，邓小平担任西南局第一任书记，主管川滇黔康四省。

第二节　和平解放西藏

一、政治重于军事

西藏地处祖国的西南边陲，与印度、缅甸、尼泊尔等国接壤，以藏族为主的多个少数民族聚居在这片雪域高原上，所以，西藏问题在国防、民族关系和外交上面具有重要意义。在解放战争接近尾声之际，眼看国民党在大陆的统治走向末日，帝国主义列强也认识到他们在中国的特权也即将结束，加紧了对西藏的分裂活动，印度反华势力也借机呼应。1949年7月，西藏政府制造了具有分裂性质的"驱汉事件"，11月，以西藏"外交局"的名义致电北京，拒绝解放军入西藏，还派"亲善使团"赴英、美、印度和尼泊尔求助，想让他国插手中国内政。这表明，西藏政府已公开与外国势力勾结，想使西藏问题复杂化。在大西南战役即将结束时，毛主席就在前往莫斯科的途中发出带有四个A的急电："进军西藏宜早不宜迟"。

解放西藏的计划原定由彭德华率领的西北局完成。彭德怀将军经过半个多月的实地考察，从北部进攻西藏只能在每年的五月份中旬到九月份中旬四个月时间内进行，其余八个月大雪封山，难以行军，短期内无法完成解放西藏的任务。1950年1月2日，毛主席又从莫斯科致电中央和彭德怀、刘伯承、邓小平、贺龙："由青海及新疆向西藏进军，既有很大困难，则向西藏进军的任务应确定由西南局担负。"1月8日，刘伯承、邓小平即向中央和毛泽东致电："完全同意于今年九月占领全藏，根据敌情，尤其交通经济条件说来，在兵力派遣上先以一个军去，惟在开辟时，则准备以另一个师给予加强之。在康藏两侧之新青两省及云南临界，各驻防兄弟部队如可能时则予以帮助。"解放西藏的光荣任务就落到了刘伯承、邓小平率领的第二野战军的肩上。

西藏问题具有多重特殊性，地处边境，关乎国防；还牵扯到民族宗教问题，历史上推行大汉族政策，民族隔阂比较严重；语言不通，交流困难；自然环境恶劣，高原缺氧。进军西藏不是一个单纯的军事问题，它还涉及政治、宗教、民族等一系列复杂棘手的问题。不具有高瞻远瞩的战略眼光、高度的政治智慧和才能，是无法担起这份重任的。历史上很多帝王将相对此用兵，有的不战自退，有的损兵折将。即便这样，解放西藏的任务依然势在必行。

邓小平与刘伯承运筹帷幄，从政治、军事、后勤工作等方面做了周密的计划和安排。西南局和西南军区首先考虑确定进藏干部和部队。解放西藏任务艰巨，既要指挥军队，又要从事地方工作；既要有军事才能，又要有政治才能，还要妥善处理民族、宗教问题，解决统战问题。刘邓手下爱将云集，经过慎重考虑后，他们不谋而合，毅然决定让年仅36岁的十八军军长张国华同志来执行进军西藏的使命，并授权张国华在二野范围内可以调遣最强的干部和人员进军西藏，要谁给谁。但是张国华考虑到对十八军干部和部队比较熟悉，与其临时抽人组成部队，不如就带十八军部队进藏。根据毛主席的指示，1月24日成立了中央西藏工委，张国华任书记，谭冠三任副书记，王其梅、昌柄柱、陈明义、刘振国、天宝为委员。从此，这数万官兵以及他们的后代永远地与西藏这片雪域高原紧紧地联系在了一起。

善于从政治上考虑问题，是邓小平一贯的风格。邓小平提出："西藏问题有军事问题，需一定数量之力量，但军事与政治比较，政治是主要的。解决西藏问题，要靠军事政治协同解决。"他言简意赅地指出："政治重于军事，补给重于战斗。"政治重于军事，关键在于处理好民族宗教问题，注意西藏地区的各股势力，团结达赖、班禅两大势力，为此，邓小平提出，要靠政策走路，靠政策吃饭。所谓补给重于战斗，关键在于交通和给养供应，西藏地区地广人稀，生产生活资源匮乏，古语"兵马未动，粮秣先行"含义就在于此。进军西藏，政治先行。在确定了进军西藏的人事安排后，邓小平考虑到"西南才占领，西南局诸同志工作极忙，现又给以入藏任务"，任务压得过重。加之解放大西南后，战士们都想在巴蜀这块肥沃的土地上安家落户，而进军西藏，西藏地区地广人稀，环境恶劣，会使他们的希望落空。小平同志也及时预见到了战士们的这种情绪，1950年2月6日，他专门为十八军题词："接受和完成党所给予的最艰苦的任务，是每个共产党员、每个革命军人的无上的光荣。"在西南局委员会第一次会议上，他又对十八军进藏前部队的士气给予了较高的评价。还发出解放西藏进军政治动员令，调动士兵的积极性,让他们认识到解放西藏的重要意义,提出了对藏工作的具体要求,引导战士们树立长期建设西藏的思想,在进藏部队中大力加强思想政治教育工作。

向千沟万壑、空气稀薄、交通不便的西藏高原进军,补给问题不仅仅是后勤保障问题,更是一个政治、军事问题。从一定意义上说,后勤供应是否顺畅将关系进军西藏的成败。为了和平解决西藏问题,毛泽东要求解放军"进军西藏,不吃地方"、"决不侵扰老百姓"。按照毛泽东的指示,不难预料,进藏后勤供应将面临极度困难。针对这种情况,邓小平未雨绸缪。在十八军入藏前,专门指示十八军要把补给视为头等大事,进藏所需要各类物资可以就近购买和筹措。邓小平、贺龙还决定:下大力解决补给的公路问题,"不惜一切代价,克服一切困难,抢修雅安至甘孜段公路",打通后勤补给线。据此,十八军1.8万人投入抢修雅甘公路的战斗,至1950年8月26日,603公里的雅甘公路奇迹般地实现全线贯通。西南军区组成了汽车团和3个辎重团,担负进军物资运输,公路修到哪里,物资运到哪里,严格遵守毛主席"进军西藏,不吃地方"的指示。[①]

[①] 卓爱平:《邓小平与西藏和平解放》,《党史纵览》,2004年第2期。

二、对藏政策"十条"

1950年2月25日，刘少奇同志代表党中央电示西南局："我军进驻西藏的计划是坚定不移的，但可采用一切办法与达赖集团谈判，使达赖留在西藏与我和解。"这一电报具体提出了争取和平解放西藏的方针，并指示西南局、西北局认真研究西藏情况，物色适当人选去拉萨做争取工作，并拟定与西藏当局谈判的条件。①小平同志和以他为核心的西南局坚决贯彻执行党中央关于和平解决西藏问题的方针，立即组织得力人员，全面贯彻落实，紧紧围绕和平这个根本问题不放。5月，西南局向中央报告了解放西藏的4条方针，作为与西藏地方当局谈判的基础，即驱除英、美帝国主义势力出西藏；西藏人民回到中华人民共和国祖国的大家庭中来，实行西藏民族区域自治；西藏现行各种制度暂维持原状，有关西藏改革问题将来根据西藏人民的意志协商解决；实行宗教自由，保护喇嘛寺庙，尊重西藏人民的宗教信仰和风俗习惯。（史料出自陈永柱：《走到西藏：纪实文学》，长征出版社，2001年版，第33页）作为西南局第一份对藏谈判的纲领

---

① 宋红月：《邓小平的西藏发展观》，《中国藏学》，2004年第9期。

性文件，"四项原则"明确了对涉及西藏根本利益的4个问题的态度，即主权归属、民族政策、制度去留和宗教政策，为后来中共中央确定对藏谈判的具体条款奠定了基础。中央复电：认为西南局所提的4条较好，但还应起草可以作为和平谈判基础的若干条件。于是小平同志又亲自主持起草了10项政策：（1）西藏人民团结起来，驱逐英美帝国主义势力出西藏、西藏人民回到中华人民共和国祖国的大家庭中来。（2）实行西藏民族区域自治。（3）西藏现行各种政策制度维持原状概不变更。达赖活佛之地位及职权不予变更。各级官员照常供职。（4）实行宗教自由，保护喇嘛寺庙，尊重西藏人民的宗教信仰和风俗习惯。（5）维持西藏现行军事制度不予变更，西藏现有军队成为中华人民共和国国防武装之一部分。[①]（6）发展西藏民族的语言文字和学校教育。（7）发展西藏的农牧、工商业，改善人民生活。（8）有关西藏的各项改革事宜，完全根据西藏人民的意志，由西藏人民及西藏领导人员采取协商方式解决。（9）对于过去亲英、美和亲国民党的官员，只要他们脱离与英、美帝国主义和国民党的关系，不

[①] 贺良林：《西藏解放锦程中的统一战线理论与实践》，《重庆社会主义学院学报》，2007年第10期。

进行破坏和反抗，一律继续任职，不咎既往。(10)中国人民解放军进入西藏，巩固国防。这精妙的十大政策独具匠心，较四项原则的含义更加明确和完备，更全面鲜明地体现了中央政府和平解决西藏问题的立场。它无疑对促成西藏问题的和平解决和尔后经营西藏有着巨大指导作用。毛泽东阅后甚感满意，对十条政策的条文都没有作原则性的修改，文字的更动也不多，只在第八条"有关西藏的各项改革事宜，完全根据西藏人民的意志，由西藏人民采取协商方式加以解决"中的"由西藏人民"后面加上了"及西藏领导人员"7个字，其他均表示同意。中共中央很快批准了十条政策，规定由进藏部队掌握，向西藏当局正式提出，作为中央政府与西藏当局进行和平谈判的基本条件和指导进军西藏工作的基本依据。十大政策的出台，旨在正确解决与恢复西藏与中央的关系和民族关系，它直接促成西藏地方政府与中央政府签订了17条协议。以后西藏地方政府与中央签订的17条协议中所规定的驱逐帝国主义的侵略势力出西藏，中央承认西藏现行的政治、宗教制度和达赖、班禅的固有地位，要依据西藏实际情况发展农牧工商业，发展语言、文字、教育等，追根寻源，均源自十大政策，无不凝结着邓小平十大政策的政治智慧。

根据中央物色适当人选向拉萨做政治工作，以争取和平解放西藏的指示，西北局先后派两批人去拉萨，但一批遭到扣押，一批被西藏政府限令离境。西南局接到中央的电报后，朱德总司令在长征时路过藏区认识的好朋友格达活佛主动提出去拉萨劝和。邓小平考虑到西藏政府缺乏和平诚意，态度顽固，西藏地形复杂，数次劝其不要去。但是格达活佛以西藏民族的利益为重，去意已决，他要在劝和成功后再进京会见朱总司令等中央领导。遗憾的是，格达活佛壮志未酬，和平使命未竟，便在昌都惨遭暗杀。噩耗传出，藏汉各民族都悲痛不已。在给格达活佛召开的追悼会上，邓小平和贺龙为其送上挽词："为和平解放西藏惨遭帝国主义和反动分子所害而光荣殉国的格达委员永垂不朽！"和平谈判由于西藏地方政府的顽固态度受挫。

西南局在接受到解放西藏的任务之初，邓小平就预测到只靠政治劝和是难以实现西藏地区的解放的，他认为在广泛开展政治争取的同时，要以军事力量做后盾。他把这项原则解释为：没有政治争取的军事行动是我们所绝对不取的；没有军事力量做后盾的政治争取，也是不能奏效，苍白无力的。按照这一原则，邓小平、刘伯承在接受解放西藏的光荣使命之后，就已为进军西藏做出筹划和准备。十八军军长张国华提出了"自康、滇、青、新四省对西藏多路向心进兵"的进藏方针。即以十八军为主力，"由西北方面加派骑兵、分经青藏、新疆"和云南部队一部向心入藏，这样既可以收到协力合击的效果，也可以解决粮食与地形的困难。1950年3月，十八军的先遣部队抵达了西康的甘孜、巴塘地区，西藏地方政府调集藏区一半以上的藏军，约9个代本（相当于团）和民兵3000余人，布防于昌都以东的金沙江一带和昌都地区，企图以西藏地区的险要地势阻挡解放军和平进藏。面对西藏地方政府拒绝和谈和一意孤行的态度，8月份，邓小平、刘伯承制定了昌都战役实施计划，十八军主力向敌进攻之时，从侧翼迂回到昌都敌后，断敌退路，迫使藏军聚集昌都而歼之。邓小平还指示参战部队："昌都战役是解放西藏具有决定意义的一仗，要集中绝对的优势兵力，四面包围敌人，力求全歼，不使漏网。"1950年10月6日，著名的昌都战役全面拉开了序幕。二野十八军五十二师全部，五十三师、五十四师、各率一部，在青海骑兵部队驻云南十四军一二六团的直接参加和新疆骑兵师先遣连的配合下，对昌都实施了大的迂回包围和正面攻击相结合的作战方针，一举解放昌都，争取了藏军9个代本起义。战斗历时20天，共歼灭藏军5700余人，取得了昌都战役的全胜。昌都战役的胜利，打开了进藏的门户，促使西藏统治集团内部分化，为和平解放西藏创造了条件。

昌都战役彻底打破了西藏地方上层统治集团"雪山恶水赛过十万大军"的幻想。1950年11月17日，西藏地方政府实际掌权者达扎摄政被迫辞职，时年16岁的第十四世达赖喇嘛丹增嘉措提前亲政。1951年2月12日，第十四世达赖喇嘛主持下的西藏地方政府派出以阿沛·阿旺晋美为首的代表团赴北京谈判。4月16日，代表团抵达重庆。4月17日，邓小平出席了中共中央西南局、西南军政委员会、西南军区机关为西藏地方政府赴京谈判代表团举行的欢迎会。4月19日，邓小平宴请代表团全体成员，向他们讲解了和平解放西藏的"十项政策"，指出西藏人民接受和平解放西藏是正确的历史性选择。西藏地方政府代表团4月22日抵达北京。关于西藏解放问题的和平谈判于4月29日正式开始。经过多轮协商，双方意见终于达成一致，"十七条协议"于1951年5月23日在北京正式签订。协议的签订标志着西藏和平解放的实现，西藏的历史掀开了新的一页。

1951年5月26日，邓小平在重庆召集中共西藏工委书记张国华、中共西北西藏工委（筹）负责人范明开会，讨论部队进藏和中共进藏组织机构问题。会上，邓小平同意中共西北西藏工委进藏的要求，但强调入藏后由中共西藏工委统一领导。关于组织问题，邓小平提出吸收中共西北西藏工委成员参加中共西藏工委的两个方案。5月31日，西南局将方案上报中共中央并西北局。在电报中，西南局表示："西藏工委原为张国华、谭冠三、王其梅、昌炳桂、陈明义、李觉、刘振国（以上均为军级干部）、平措旺阶八人组成，张为书记，谭为副书记。为了统一领导，应吸收西北西藏工委同志参加西藏工委组织。"6月11日，中共中央复电西南局并西北局：关于工委组织，同意西南局的第二种方案，即在原有8人外，再吸收西北西藏工委中之范明、慕生忠、牙含章3人，并增加范明为副书记。至此，中共的进藏领导机构问题得到了妥善解决。

　　1951年9月初，邓小平通过进军西藏支援司令部胥光义，向时任中共西藏工委书记、第十八军军长的张国华口头传达进藏工作指示：一、西藏工作的基本方针是紧紧抓住一个"稳"字，一切问题的处理必须稳步前进。二、当前的首要任务为大力开展统战工作，组织精干的文工团队，广泛宣传和平协议，做艰苦细致的教育工作。三、西藏目前的干部越少越精干越好，防止补给困难，避免造成事事被动。四、大力修筑康藏公路。邓小平对部队进藏后的基本方针、统战工作开展的方式、干部遴选标准和康藏公路的修建都作了全面的部署。

对于西藏的民主改革问题，一直是个非常敏感、关系大局稳定的大问题。为此，确定了六年不改的政策。但是由于反动势力的支持和西藏地方政府的谋划，1959年，西藏还是发生了武装叛乱，反动上层彻底撕毁协议，向我军发起全面进攻。1959年3月20日，中共中央决定从拉萨开始进行全面的平叛斗争，在藏民的要求和支持下，彻底粉碎了束缚在百万农奴身上的枷锁，摧毁了封建农奴制度，推翻了农奴主的反动统治，百万藏族人民翻身成了自己的主人。僧侣专制的时代在西藏高原永远结束了，取而代之的是社会主义的新西藏。

岁月已远，沧桑巨变，一些历史往事已渐渐地被人们遗忘，但邓小平的名字永远地刻在了西藏的历史上。

第五章 千锤百炼的政治家

第一节 党的总书记

为适应大规模经济建设的需要,中央决定将各大地方的主要负责人调任北京工作。1952年7月,邓小平到达首都北京,开启了他政治生涯中的新里程,他被任命为政务院副总理,兼任财政经济委员会副主任。1953年9月,邓小平担任财政部长一职,在预算编制上,他按照毛泽东的指示,收入打足,支出打紧,留有余地。明确领导干部责任分工,严肃对待批评与自我批评。

1956年在党的历史上是具有重要意义的一年,这一年,我国完成了三大改造,完成了由新民主主义社会向社会主义社会的过度。国际环境也发生了重大变化,赫鲁晓夫公然谴责斯大林和他的"个人迷信",并为国际国际共产主义运动提出了一套新的思路。对于赫鲁晓夫对斯大林的批判,毛主席曾经有过这样的评论，说赫鲁晓夫是"揭了盖子，捅了娄子"。作为党的秘书长，邓小平在这一年里，也忙得不可开交，他和他的同事们要为即将到来的八大做准备。为迎接即将到来的"八大"会议，中共中央召开了七届七中全会，在最后一次中央全会上，毛泽东提出要设立中央总书记，并推举邓小平来担任这个职务。邓小平自谦地插话："对总书记这一职务，我只有六个字，一不行，二不顺。当然，革命工作决定了也没有办法，我自己是诚惶诚恐的。我还是比较安于担任秘书长这个职务。"毛泽东以赞扬的口吻接着说："我看邓小平这个人比较公道，他跟我一样，不是没有缺点，但是比较公道。他比较能干，比较能办事。"

1956年9月15日至27日，中国共产党第八次全国代表大会召开，这是新中国成立以来召开的第一次党的全国代表大会，在"八大"上，毛泽东致了简短的开幕词，刘少奇、周恩来和邓小平作了主要的报告。邓小平在大会的第二天作了关于修改党章的报告，论述了中国社会的状况和党的任务。在谈到党员的品行时，他指出了官僚主义的极大危害和党员同非党员之间进行合作的必要性。在关于马克思主义领袖作用的论述中，他认为，毛主席是反对"个人主义"和禁止对个人进行"歌功颂德"的倡议者，要明确区分"剥削阶级的领袖"与"工人阶级政党的领袖"之间的区别，在报告中，充分体现了邓小平处理复杂问题的能力、才干和技巧。党的"八大"正确地分析了我国当时的状况，认识到我国的主要矛盾已经不再是无产阶级和资产阶级的矛盾，而是人民对于经济文化迅速发展的需要同落后的社会生产之间的矛盾。提出以后工作的主要任务是"集中一切力量发展生产力，实现国家的现代化，并逐步满足人民日益增长的物质文化需要"。大会确定了把党和国家的工作重心转移到经济建设上来的正确决定。在随后召开的八届一中全会上，52岁的邓小平当选为中央政治局常委，中共中央总书记，成为中国共产党第一代领导集体中重要的一员。

1957年九十月份召开的党的八届三中全会上，毛泽东改变了"八大"关于我国主要矛盾的判断，党的指导思想上出现了"左"的偏差。在苏联超越战略的影响下，我国提出了赶美超英的目标，在第二年五月份召开的"八大"二次会议上，通过了"鼓足干劲，力争上游，多快好省地建设社会主义"的社会主义建设总路线，这一方面反映了人民群众迫切要求改变经济文化落后的普遍愿望，但是在后来的执行过程中，出现了严重的忽视客观经济规律、急于求成、盲目求快的"大跃进"的错误。紧接着发动了人民公社化运动、大炼钢运动使"大跃进"达到了高潮。随后三年大面积的自然灾害，又雪上加霜，不少地方甚至出现饿死人的事件，给国家和人民的经济生活带来了严重的灾难。在1959年的庐山会议上，毛泽东本想以他特有的方式解决经济工作中"左"的偏向，但是彭德怀秉直上书后，纠"左"变成了反右，"左"的错误没有得到及时的纠正，反而给了"大跃进"一次新生。对于50年代后期60年代初党在这一阶段的错误，邓小平坦白地说："我是犯不少错误的，确有不少错误的，其中包括毛泽东同志犯错误啊，有些我也有份的。只是可以说，犯错误也是一种好心犯的错误，不犯错误的人没有。不能把过去的错误都归毛主席一个人，不能这样。"

第二节 恢复经济

一、顺义之行

经济的恢复工作首先从农村开始，1961年1月14日至18

日，中国共产党八届九中全会在北京召开。在会上，针对"大跃进"造成的困难局面，国家提出了国民经济"调整、巩固、充实、提高"的八字方针。会议结束之后，为响应毛主席的号召，1961年4月7日至4月21日，邓小平到北京市顺义县深乡镇进行考察。他深入实际，进行调查研究。在上世纪五六十年代之交，顺义县像其他地方一样，在经济发展过程中出现了严重的失误，在生产力方面，"以钢为纲"，急于求成；在生产关系方面，不顾生产力的发展水平，片面追求公有化；在分配上，吃大锅饭，搞平均主义。高指标、瞎指挥、浮夸风、共产风盛行，给农村经济带来了严重的危害。

在农村，必须要解决的一个问题就是公共食堂的问题。随邓小平一起来视察的卓琳在顺义县上辇村住了一个星期，也了解到农村里的不少情况，她告诉邓小平："上辇吃食堂是假的，由食堂分粮食，社员自己回家做饭才是真的。"邓小平对当前农村的情况有了详细的了解之后，他指出："吃食堂光荣，不吃食堂也光荣，吃不吃食堂要由群众决定。吃食堂是社会主义，不吃食堂也是社会主义，以前不管是中央哪个文件上说的，也不管是哪个领导说的，都以我现在说的为准。根据群众的意见决定食堂的去留。"邓小平道出了群众心里的话，大伙心里像揣着个火炉一样温暖，有什么情况也开始反映了，这极大了拉近了党与群众的距离，邓小平的指示就像一盏明灯，指明了顺义县经济发展的方向。

当邓小平到顺义县牛山公社白庙村考查时，展现在眼前的是一片荒凉的景象，良田荒芜，偌大的一个村只养着一头40斤左右的小猪。邓小平疑惑不解地问村里的一位老大娘："大娘，为什么空着猪圈不养猪呢？"大娘说："还养猪，人还吃不饱呢！"针对这种情况，邓小平指出："社员的家庭副业不能丢，应该是六畜兴旺，尤其是养猪很重要。你们县是一个传统的养猪县，社员喜欢养猪，而且有丰富的经验。若是把这个传统丢了很可惜。一头猪不仅能赚20多元钱，肥料还能养二三亩地，不施化肥，又能增产，社会效益就高。你们县土地、水利条件好，就是肥料问题制约了粮食生产的发展。多养猪，养好猪，社员的收入增加了，粮食生产也搞上去了……你们要抓住春天这个大好时机，尽快把养猪事业发展起来，以满足城乡人民的生活需要，又能增加农民的收入，这是件好事。"邓小平的这一席话如同给顺义县农副业打了一针强心剂。

二、"猫论"的首次提出

作为国家领导人，邓小平的一言一行都有着重要的分量，他自己深知这一点。邓小平在公开场合首次提出"猫论"还是在1961年7月7日，在接见全国共青团中央三届七中全会全体同志，谈到农村实行"包产到户"的问题时，他坦率地说："生产关系究竟以什么形式为最好，恐怕要采取这样一种态度，就是哪种形式在哪个地方能够比较容易比较快地恢复和发展农业生产，就采取哪种形式；群众愿意采取哪种形式，就应该采取哪种形式，不合法的使它合法起来。这都是些初步意见，还没有做最后决定，以后可能不算数。刘伯承同志经常讲一句四川话：'不管是黄猫、黑猫，只要捉住老鼠就是好猫。'这说的是打仗。我们之所以能够打败蒋介石，就是不讲老规矩，不按老路子打，一切看情况，打赢算数。现在要恢复农业生产，也要看情况，就是在生产关系上不能完全采取一种固定不变的形式，看用哪种形式能够调动群众的积极性就采用哪种形式。"

邓小平引用这句话是有具体的背景的，60年代初，由于全国许多地区混淆了集体所有制和全民所有制的界线，犯了刮"共产风"和其他平均主义的错误，所以调整农村生产关系，恢复和发展农业生产，就成为当时亟待解决的首要问题。当时，为了应付自然灾害，各地农村自发地产生了各种各样的生产形式。有的地方实行人民公社制，有的以生产大队为核算单位，还有的以生产队为核算单位。而安徽省委从宿县一位70多岁老农开荒种地、生产自救的事件中受到启发，提出了"包产到户"的要求。这就是"猫论"首次的提出。

三、全面整顿

邓小平在顺义考查结束回到北京之后，立即为恢复农业生产提出了具体意见，5月10日，他与彭真一起写信给毛主席，他们建议："吃食堂，不吃食堂的都给一份便利。""把生产队的分配和社员的生活分开来。"几个星期之后，在中共中央修订的"农业六十条"里采纳了他们的建议，"农业六十条"里写明：取消公共食堂，取消供给制，生产队在管理本队的生产上，有一定的自主权。此后，农村主要的经济单位成为由二三十户农户组成的生产队，土地归生产队所有，生产队负责成员的管理工作，并给付社员报酬，还可以与社员签订非农业生产任务的合约。社员能够拥有自留地，这极大地调动了人们的生产积极性。1965年，全国的粮食收成达1.95亿吨，恢复到了发动大跃进前的1957年的水平。

在工业方面，放弃了1960年所倡导的工业管理体制，在邓小平、李富春、薄一波等人的努力下，制定了"工业七十条"，具体规定了工业企业的管理办法。薄一波认为，它是"当时用于克乱求治，整顿工业企业的一个重要文件，也是一部关于企业管理方面的章程。它的颁发执行，对于贯彻调整、巩固、充实、提高的方针，恢复和建立正常的生产秩序，促进生产力的发展，发挥了重要作用；对于企业管理的法制建设，也发挥了重要作用"。

"工业七十条"的核心内容是国家对企业实行"五定"（定生产任务，定机构人员、定主要原、燃材料及工具供应来源和消耗定额、定设备数量、定成本计划及协作条件），企业对国家保证"五保"（保产品品种数量和质量、保工资总额、保劳动生产率和出勤、保节约计划的实现、设备使用期限、保利润指标及互助合同的实现）。"五定"是核定企业的综合，能力的有效方法，是整顿改进企业管理的基础方案。它提出后，经全厂综合平衡，再同主管局协商核定，签订"五定五保"协议书。协议签订后，各企业再层层下达，"定保"落实到车间、班组和个人。其他各行业的"五定五保"也都在1962年底相继完成。"五定五保"促进了国营企业一系列规章制度的建立和恢复，对工业的调整、巩固、提高产生了积极的作用，这样就重新采用责任制和专门化管理，并且确定了工资间的差别。

为恢复工业生产，许多亏损的工厂都按照指示被迫关闭了，城镇人口也得到了精简，工人失业后离开城市回到农村，大大减少了政府供给城市的粮食压力。到1965年，绝大多数工业产品的产量是1957年的两倍多，并出现了一大批新的工业企业。石油产量也迅速提高，为工业生产提供充足的原料。

工业的恢复在钢铁行业上表现最为明显。钢铁工业的调整从三个方面展开，一是缩短钢铁工业战线，精简职工；二是压缩基本建设投资，停建了大部分项目；三是大幅度调低钢产量计划指标。经过调整的钢铁行业取得了显著的成绩，1963年到1965年三年时间里，供应农业用的钢材达到了188.7万吨，比"一五"计划时期增长了一倍。针对当时钢材品种少、不能满足国民经济各部门需求的状况，冶金部门组织企业加强科学实验研究，提高设备装备水平，充分发挥现有设备力量，试制新品种，增产稀缺品种，扩大了品种、提高了质量。同时还加强矿山建设力度，解决了钢铁工业内部比例失调问题，矿山投资占钢铁工业总投资的比重由"一五"计划时期的16.1%提高到22.7%。经过1961年到1965年的调整，钢铁工业生产有了恢复性增长，钢铁品种质量有了较大改善，绝大部分技术经济指标达到历史最高水平。

邓小平领导制定的"工业七十条"，提高了工人的生产积极性，使工业领域的经济迅速地从"大跃进"的创伤中恢复过来，同时也为"文化大革命"后国民经济的恢复提供了借鉴和指导。

第四节　第二次起落

一、"文革"的受难者

1966年，正当国民经济的调整基本完成、开始实施第三个五年计划的时候，意识形态里的批判运动，逐渐演变成斗争矛头指向党的领导层的政治运动。由此爆发了历时十年，给党和人民带来严重灾难的"文化大革命"。"文化大革命"的出发点是防止资本主义复辟、维护党的纯洁性和寻求中国自己的建设社会主义的道路，但事与愿违，这一好的意图却被"四人帮"和林彪反革命集团利用，成为他们打击老一辈革命家、实现自身政治目的工具。

"文化大革命"爆发之后，邓小平受到错误的批判，被加罪为"全国第二号最大的走资派"。他被被软禁在一所小房子里，人们对他进行了猛烈的批判，尤其针对他在指导经济恢复工作时所说的"不管黑猫白猫，抓住耗子就是好猫"。也正因此，邓小平被批判为"走资派"，他的亲人和孩子也受到牵连。1969年10月，他又被押送到江西省新建县劳动，在江西省，他又度过了人生中最难熬的三个春秋。在江西省新建县的日子里，邓小平夫妇每天到离住地20分钟路程之远的新建县拖拉机厂劳动半天。在工厂里邓小平做的是在法国勤工俭学时做过的钳工，上下班都有人押送，但是他始终保持着一种乐观的革命主义精神，每天黄昏落日之前，总是十分规律地围着小小的院子散步，一只手插在裤兜里，另一只手不断的摆动，步子迈得快速而稳健，眼神永远是沉静的。就这样，日复一日，年复一年地走着，红色的沙石地上，被他踏出一条白色的小道。他在沉默中积蓄力量，一天也没有停止对国家命运的思考。他的思想、他的信念、他的意志，随着前进的每一步更加明确，更加坚定，他在为以后更加激烈的斗争做准备。

1971年，林彪阴谋夺权的"九·一三"事件折戟沉沙之后，邓小平给毛泽东写信，请求返回北京工作。毛主席批准了他的请求。1973年2月，邓小平带着家人离开了江西。

1972年5月，周恩来在做内科常规检查时，发现不幸患有膀胱癌，身体情况每况愈下，但是，经过"文革"摧残的国家仍处于一片动乱之中，严峻的经济形势、复杂的政治局面和混乱的社会状况亟待一位有才干的人来领导各项工作的恢复。邓小平临危受命，在他一系列雷厉风行的措施下，使中国这只偏离了正确航向的轮船逐渐地调转船体，一点一点地驶入正确航道。

1973年3月10日，中共中央正式作出《关于恢复邓小平同志的党的组织生活和国务院副总理的职务的决定》，4月13日，邓小平以国务院副总理的身份出席了周恩来在人民大会堂举行的招待西哈努克亲王的宴会，目睹这一幕的匈牙利记者代内什这样写道:"从远处,从人民大会堂大厅里的许多圆桌旁边,数百双眼睛正好奇地注视着他,因为他已经在被人们遗忘的角落里待了太久了。在那些七年前被'伟大的无产阶级文化大革命'这一政治地震压倒在地,而后又恢复名誉、重新出台的人中间,他是地位最高的一个。"12月15日,毛泽东在同有关政治局委员和几个大军区负责人谈话时高兴地说:"我们现在请了一位总参谋长。他呢,有些人怕他,但是他办事比较果断。他一生大概也是三七开。你们的老上司,我请回来了,政治局请回来了,不是我一个人请回来的。"毛泽东还当场送给邓小平八个字:"柔中有刚,绵里藏针"。话到末尾,仍不忘加上一句:"过去的缺点,慢慢改一改吧。"毛泽东最终下定决心,拍板定案由邓小平担任政治局委员和中央军委委员,兼任国务院副总理。

二、恢复工作

恢复工作之后,邓小平辅助周恩来开始了大刀阔斧的整顿工作。1974年4月10日,邓小平在联合国大会第六届特别会议上代表中国政府发言,全面阐述了毛泽东关于"三个世界"的理论和中国政府对外政策,引起了世界舆论的普遍关注。这次访问，也使邓小平看到了西方世界在二战后经济迅猛发展的新成果。也许从这时起，他就已经下定决心要尽自己一切努力使中国成为一个现代化的国家。1974年8月，毛泽东指示："无产阶级文化大革命已经八年。现在，以安定为好。全党全军要团结。"11月，他又指出："要把国民经济搞上去。"1975年初，周恩来在四届人大一次会议上提出在二十世纪末实现工业、农业、国防和科学技术的现代化的宏伟目标。这些迹象都表明，国内政治气候已发生重大转变，恢复经济的时机已经成熟。

在整顿军队的过程中，邓小平提出要消除派性，增强党性，加强军队的纪律性，恢复党的优良传统。在军队整顿为主的军委扩大会议上，军委副主席叶剑英元帅尖锐地指出："现在搞资产阶级派性，就是搞资本主义，搞修正主义。决不能允许任何野心家插手军队，搞阴谋活动。"会后，他亲自找每个军区、每个军种的司令员、政委谈话，告诫大家把部队掌握好，提高警惕。叶老还亲自主持了全国各大军区领导班子的调配工作，这为加强党对军队的领导奠定了巩固的组织基础。

在经济领域的整顿，邓小平选择以铁路交通作为突破口,从解决铁路部门的组织问题入手,提出加强"集中和统一"的口号,加强各种法令法规,处罚各种制造麻烦的人。在徐州,造反派头头顾本华被逮捕,这件事极大地振奋了人心。他点名由铁道部部长万里挂帅,万里响亮地提出:"不唱天,不唱地,只唱九号文件这出戏。千条理,万条理,不安定团结没道理。"万里同志一边讲,一面跑,马不停蹄地跑遍了几个问题严重的路局,撤换了一批闹派性的造反派头头,重新调整了领导班子。很快,严重阻塞的几个铁路局全部疏通,实现了万里一个月前提出的"畅通无阻,四通八达,安全正点,当好先行"的口号。

经过整顿,工业生产与交通运输得到了明显改善,各个领域恢复了秩序,整顿了党的组织,整顿了党的思想。把"四人帮"搞乱了的思想、搞乱了的生产秩序、搞乱了的管理系统恢复了过来。这次的整顿为后来的拨乱反正奠定了基础,同时也是改革开放的一次大胆尝试。但是到了1975年下半年,"四人帮"和毛新远利用各种机会,不断地向毛主席吹风,散布邓小平要"否定'文化的革命',要刮右倾翻案风"的谣言。毛泽东此时一方面支持邓小平的全面整顿,恢复国民经济,同时他绝不允许任何人改变"文化大革命"的基本方针。安定团结是在"文化大革命"基本方针的前提下实现的,一旦这个前提不存在了,那么他对邓小平的支持也就不复存在了。1975年11月,毛泽东提议,由邓小平主持中央政治局会议,对"文化大革命"做一个总的评价,"三分错误,七分成绩"。邓小平谢绝了,他回复说:"由我主持这个决议不合适,我是桃花源中人,'不知有汉,何论魏晋'。"1975年11月起,在"反击右倾翻案风"运动中再度受到错误批判。

第六章 改革开放的总设计师

第一节 恢复思想路线

一、周总理与世长辞

1976年1月8日,为党和国家鞠躬尽瘁的周恩来总理逝世,全党、全军、全国人民为失去了敬爱的总理而感到深切的悲痛。周恩来总理比邓小平年长六岁,自从巴黎相识后,周恩来不仅仅是邓小平最亲密的战友,更是一位敬爱的兄长。他们一起并肩作战五十多年,回顾这五十多年,无论是在异乡法国,还是在动乱的"文革"期间,周恩来都给了邓小平无微不至的关怀。现在,邓小平用略带沙哑的声音为总理逝世致悼词:"今天,我们怀着极其沉痛的心情,悼念中国共产党的优秀党员,伟大的无产阶级革命家、杰出的共产主义战士,中国人民久经考验的卓越的党和国家领导人周恩来同志。"这也是1976年邓小平在电视荧幕上最后一次露面。十多天后，毛泽东提议华国锋任国务院代总理，邓小平职权受到限制，被指定专管外交事务。

周总理逝世后，"四人帮"的活动更加猖獗。2月5日，王洪文向各省、市、自治区和各大军区下达了"批邓反右倾翻案风"的命令，不久后，又在《文汇报》上刊载文章说："党内那个走资派要把被打倒的至今不肯悔改的走资派扶上台。"这实际上指周恩来要把邓小平扶上台。"四人帮"的恶意攻击，就像在人们没有愈合的伤口上又撒了一把盐。

1976年4月4日，这一天是中国阴历的清明节，大批群众自发地聚集到天安门广场悼念周总理。人们在人民英雄纪念碑下放满了花圈，用这种无声的行动表达心中的悲痛。有人打出横幅，上面写着"深切怀念周恩来总理"，而有一些横幅是批判江青，颂扬周恩来的；还有一些人直接发表演说，朗诵诗文，痛骂"四人帮"。当天夜里，"四人帮"操纵政治局召开紧急会议，把这次的悼念活动定性为"反革命事件"，并且指责邓小平是这次活动的幕后指使者。会后，毛新远向主席做了汇报，毛泽东同意了这一结论并且指示：任命华国锋为总理和中央委员会第一副主席；解除邓小平党内外一切职务，保留党籍，"以观后效"。邓小平再次陷入政治危机当中。在政治局委员、广东军区司令员许世友的保护下，邓小平才免遭"四人帮"的谋害。

二、毛泽东逝世

1976年9月9日，一代伟人毛泽东逝世，巨星陨落，举国同悲。

10月10日，邓小平写信给华国锋，表示衷心拥护政治局做出的关于华国锋任中共中央主席、中央军委主席的决定。他在信中表示，逮捕"四人帮"是无产阶级战胜资产阶级，社会主义战胜资本主义的胜利，这表示与"四人帮"之间的矛盾是不可调和的，是敌我之间的矛盾。

粉碎"四人帮"宣告了我国长达十年动乱的终结，但是一系列的问题又逐渐的浮出水面：面对"文革"留下的混乱局面，怎样才能走出困境？中国将向何处去？以后工作的重心在哪里？

只有正视历史，承认错误，才能更好地扬帆远航。但是，1977年2月7日，"两报一刊"联合发表社论《学好文件抓住纲》一文，在文章最后号召"凡是毛主席做出的决策，我们都坚定维护，凡是毛主席的指示，我们都始终不渝地遵循"。"两个凡是"显然没有满足人们的政治愿望：彻底纠正"文化大革命"的错误，为"天安门事件"平反，让邓小平出来工作。这一思想当然也受到党内许多同志的反对。

三、向"两个凡是"提出质疑

1977年3月，华国锋召开中共中央工作会议，在会上，叶剑英、王震等老一辈革命家又一次提出让邓小平重新出来工作，华国锋主席在会上表示"在适当的时候让邓小平同志重新出来工作"是必要的，并指出天安门事件也和邓小平同志没有任何关系。4月10日，邓小平致信华国锋、叶剑英等中央领导，表示完全支持华国锋主席在会议上的讲话，同时邓小平提出"我们必须世世代代地用准确的完整的毛泽东思想指导我们全党、全军和全国人民"，在邓小平关于毛泽东思想的认识上，他此时已经明确表示我们必须正确理解毛泽东思想，而不是一味的盲从和搞个人崇拜。

如果说在4月份的信中邓小平还没有明确批评"两个凡是"的话，那么，5月24日的谈话里，邓小平的观点就再也明确不过了，他毫不避讳的说道："按照'两个凡是'，就说不通为我平反的问题，也说不通肯定1976年广大群众在天安门广场的活动'合乎情理'的问题。把毛泽东同志在这个问题上讲的移到另外的问题上，在这个地点讲的移到另外的地点，在这个时间讲的移到另外的时间，在这个条件下讲的移到另外的条件下，这样做，不行嘛！毛泽东同志自己多次说过，他有些话讲错了。他说，一个人只要做工作，没有不犯错误的。又说，马恩列斯都犯过错误，如果不犯错误，为什么他们的手稿常常改了又改呢？改了又改就是因为原来有些观点不完全正确，不那么完备、不准确嘛。毛泽东同志说，他自己也犯过错误。一个人讲的每句话都对，一个人绝对正确，没有这回事。他说：一个人能够'三七开'就很好了，很不错了；我死了，如果后人能给我以'三七开'的估计，我就很高兴、很满意了。这是一个重要的理论问题，是个是否坚持历史唯物主义的问题。彻底的唯物主义者，应该像毛泽东同志说的那样对待这个问题。马克思、恩格斯没有说过'凡是'，列宁、斯大林没有说过'凡是'，毛泽东同志自己也没有说过'凡是'。"[1]在这篇讲话中，邓小平的观点

---

[1] 刘引：《中国共产党对马克思主义同中国实际相结合问题的认识》，《东北师范大学学报》，2004年第6期。

再清楚不过了，"两个凡是"不行，他不能作为党的指导思想，这是对毛泽东思想的僵化的理解，是犯了教条主义的错误。邓小平在发表这篇讲话的时候，他还没有复出工作，在这微妙的位置上能发表如此率直的讲话，可见他非凡的魄力和大无畏的勇气。

1977年7月，在党的十届三中全会上，全票通过了邓小平恢复职务的决议。在会议的最后一天，他发表了重要谈话，在这次谈话中，他正式地向"两个凡是"提出了挑战，他提出要对毛泽东思想有一个"完整"的认识，坚持党的群众路线，坚持"实事求是"，以改善党风。邓小平在谈话中强调"实事求是"的重要性，我们一切工作的出发点应该是目前的国情、党情。

四、解放思想、实事求是思想路线的确立

中国共产党第十一届中央委员会第三次全体会议于1978年12月18日至22日在北京举行。

这次全会前，召开了历时36天的中央工作会议。在中央工作会议上，党的许多老一辈革命家和领导骨干，对"文化大革命"结束后两年来党的领导工作中出现的失误提出了中

肯的批评，对党的工作重点转移到经济、政治方面的重大决策，党的优良传统的恢复和发扬等，提出了积极的建议。邓小平在会议闭幕式上作了题为《解放思想，实事求是，团结一致向前看》的重要讲话。这次中央工作会议，为随即召开的十一届三中全会作了充分准备。邓小平的讲话实际上成了三中全会的主题报告。

十一届三中全会实现了思想路线的拨乱反正。全会冲破了党的指导思想上存在的教条主义和个人崇拜的严重束缚，坚决批判和否定了"两个凡是"的错误方针，高度评价了关于真理标准问题的讨论，指出实践是检验真理的唯一标准是党的思想路线的根本原则，从而重新确立了马克思主义的实事求是的思想路线。会议在充分肯定毛泽东同志在我国长期革命斗争中的巨大作用的同时，着重强调要从科学体系上掌握和运用毛泽东思想，不能一切照搬照抄，不能搞"两个凡是"。否则，党和国家就会失去生机，就要亡党亡国。全会指出："党中央在理论战线上的崇高任务，就是领导、教育全党和全国人民历史地科学地认识毛泽东同志的伟大功绩，完整地、准确地掌握毛泽东思想的科学体系，把马列主义、毛泽东思想的普遍原理同社会主义现代化建设的具体实践结合起来，并在新的历史条件下加以发展。"由此，解放思想、实事求是的思想路线最终在十一届三中全会上又重新确立起来。

第二节 改革开放

一、不可逆转的历史潮流

1978年底的十一届三中全会确定了对内改革、对外开放的政策，35年一晃而过，今天我们仍享受着改革开放给我们带来的伟大成果，安定的社会环境，不断提高的生活水平，现代化的教育设备，这些都与35年前发生了翻天覆地的变化。

回顾改革开放的时代背景，可能很多人都不甚了解。要说我国改革开发的历史背景，就不能不提到一个人，改革开放的总设计师——邓小平，是他把中国进行纵横两方面的比较后，确定开放的道路的。先说横的比较。所谓横的比较，是把中国和当时的国外的发达国家相比较，得出的结论是这些发达国家都是开放的，只有在开放的状态下才能及时发现自己和其他国家的不足，才会奋起追赶，才不会夜郎自大。20世纪70年代世界范围内蓬勃兴起的新科技革命推动世界经济以更快的速度向前发展，我国经济实力、科技实力与国际先进水平的差距明显拉大，面临着巨大的国际竞争压力。纵的比较是把现在的中国和历史上发达的时候相比较，得出的结论是，历史上中国处于先进时期时，都是海纳百川，是开放的姿态，而不是封闭的状态。相反历史上闭关锁国时，中国则开始趋向衰败。新中国成立以来，我们也经历了惨痛的教训，十年"文革"的闭关自守，已经使得我国远远地落后于世界发达国家一大截。这两种比较说明中国应开放。

对于改革，马克思认为，推动社会进步的根本动力是生产力。而当时我国的生产力的水平非常落后，"文化大革命"十年内乱，使党、国家和人民遭到严重挫折和损失。当时，整个政治局面处在混乱状态；整个经济情况实际上是处于缓慢发展和停滞状态，国民经济到了崩溃的边缘。农业由于实行人民公社制，人们缺乏生产积极性，导致广大农民吃不饱饭，甚至发生广东地区的农民偷渡到香港的事情。城市的生产力水平也非常落后，与中德（西德）的煤炭生产相比较，生产同样数量的煤，中德需要21人，中国却需要2000

多人。当时日本的大型超市有20多万种商品，北京的王府井百货大楼却只有5万种商品，所以中国要想不落后就必须要改革。邓小平说：如果社会主义的人民生活长期维持在低水平，那就不能说社会主义有优越性，人民生活水平总是很低，这样的社会主义也长不了。所以中国必须要改革，只有改革才显示社会主义的优越性，只有改革才能让人民相信、认同社会主义，只有改革才能实现国富民强。

面对国内外严重的困难，我们的出路只能是通过改革开放，增强我国社会主义的生机活力，解放和发展社会生产力，改善人民生活。

二、改革开放的深刻内涵

我们的改革开放，概括一点说，就是对内搞活，对外开放。对内搞活，也就对内改革，既包括经济体制的改革，也包括政治体制的改革。关于经济体制的改革，邓小平曾经有一段精辟的论述，他说："我们的经济改革，概括一点说，就是对内搞活，对外开放。对内搞活，也是对内开放，通过开放调动全国人民的积极性。农村经济一开放，八亿农民的积极性就起来了。城市经济开放，同样要调动企业和社会各方面的积极性。"也就是把建国以来形成的高度集中的计划经济体制改革成为社会主义市场经济体制，重视市场、价值规律的作用，尊重客观的经济规律，让企业成为市场经济的主体。政治体制改革，就是要发扬民主，加强法制，实现政企分开、精简机构，完善民主监督制度，维护安定团结。政治体制改革要以稳定为前提，这就必须坚持"四项基本原则"，即必须坚持社会主义道路；必须坚持无产阶级专政；必须坚持共产党的领导；必须坚持马列主义、毛泽东思想。它是我们的立国、治国、强国之本。

开放主要是指对外开放，广义上的开放也指对内开放，它是指打开国门，既要"走出去"，让世界与我们同在一起，了解我们，又要"引进来"，走出去让我们看到外面世界，去了解世界。具体地说，就是要引进外国的先进技术和管理经验，利用外资促进国内经济快速发展和产业结构优化升级。有效利用外资，使我国可以快速强大，人民生活富裕，造福后代子孙。在"引进来"的同时我们还要"走出去"，鼓励有比较优势的各种所有制企业对外投资，带动商品和劳务出口，形成一批有实力的跨国企业和著名品牌。让国内制造的产品，走到外国核心市场，创造中国品牌，树立民族自信心，实现中华民族的伟大复兴。

对于改革开放的性质，邓小平说："同过去的革命一样，也是为了扫除发展社会生产力的障碍，使中国摆脱贫穷落后的状态。从这个意义上说，改革也可以叫革命性的变革。"改革又称为中国的第二次革命。但它与旧社会反帝反封建的民主革命又是不同的，它不是一个阶级推翻另一个阶级意义上的革命，不是否定1956年三大改造建立起来的社会主义基本制度，它是社会主义的自我完善和发展。我们的所有制仍然是公有制为主体，分配制度仍然是按劳分配，这些基本的制度不能变，但是具体的制度体制如果不符合生产力的发展要求，束缚生产力的发展，我们就必须进行改革。有人担心改革开放会改变中国的社会主义性质，邓小平是这样回答的：之所以吸收外国的资金，发展社会生产力，进行改革，不会危及到社会主义的本质，是因为"从政治上讲，我们的国家机器是社会主义性质的，它有能力保障社会主义制度。从经济上讲，我国的社会主义经济在工业、农业、商业和其他方面已经建立了相当坚实的基础。"改革所坚持的原则是"把马克思主义同中国的实践相结合，走中国自己的道路"。改革开放不是对原有经济体制细枝末节的修补，而是对其进行根本性的变革。它要从根本上改变束缚我国生产力发展的经济体制，建立充满生机和活力的社会主义新经济体制，同时相应地改革政治体制和其他方面的体制。改革开放的目的就是要解放和发展生产力，实现国家现代化，让中国人民富裕起来，振兴伟大的中华民族；就是要推动我国社会主义制度的自我完善和发展，赋予社会主义新的生机活力，建设和发展中国特色社会主义；就是要在引领当代中国发展进步中加强和改进党的建设，保持和发展党的先进性，确保党始终走在时代前列。

三、改革开放的突破点

1978年的中国，人口多，底子薄，农村人口就占八亿，改革的任务艰巨而复杂。回顾历史上的历次改革，管仲改革、商鞅变法、王安石变法、张居正改革……有的改革成功了，有的改革失败了，改革中各种利益群体的斗争激烈而残酷，改革中风险与挑战重重。党和国家的领导人开始思考当下改革的突破口，关键时刻邓小平发话了，先从农村改，农村改革相对于城市来说比较简单，问题也比较急迫，八亿农民吃饱了，安定了，中国的问题也就好办了，于是，农村就成了我国对内改革的试验田。农村改革的重点是土地制度，而且带有明显的自下而上的特点。对六七十年代的人来说，提起农村改革，都会不约而同地想到十大名村之一的小岗村。1978年以前的安徽省凤阳县小岗村，是全县有名的"吃粮靠返销，用钱靠救济、生产靠贷款"的"三靠村"，每年秋收后几乎家家外出讨饭。1978年11月24日晚上，安徽省凤阳县凤梨公社小岗村西头严立华家低矮残破的茅屋里挤满了18位农民。关系全村命运的一次秘密会议此刻正在这里召开。这次会议的直接成果是诞生了一份不到一百字的包干保证书。其中最主要的内容有三条：一是分田到户；二是不再伸手向国家要钱要粮；三是如果干部坐牢，社员保证把他们的小孩养活到18岁。在会上，队长严俊昌特别强调，"我们分田到户，瞒上不瞒下，不准向任何人透露"。1978年，这个举动是冒天下之大不韪，也是一个勇敢的甚至是伟大的壮举。也许是历史的巧合——就在这些农民按下手印的不久，中共第十一届三中全会在北京人民大会堂隆重开幕。在关系国家命运和前途的严峻历史关头，以邓小平为代表的中国最高层的政治家和最底层的农民们，共同翻开了历史新篇章。

面对农村经济发展出现的这种新现象，中央意识到它的合理之处,开始给予政策支持。1982年1月1日,中共中央批转《全国农村工作会议纪要》,指出农村实行的各种责任制,包括小段包工定额计酬,专业承包联产计酬,联产到劳,包产到户、到组,包干到户、到组等等,都是社会主义集体经济的生产责任制;1983年中央下发文件,指出联产承包制是在党的领导下我国农民的伟大创造,是马克思主义农业合作化理论在我国实践中的新发展;1991年11月25日—29日举行的中共十三届八中全会通过了《中共中央关于进一步加强农业和农村工作的决定》,《决定》提出把以家庭联产承包为主的责任制、统分结合的双层经营体制作为我国乡村集体经济组织的一项基本制度长期稳定下来,并不断充实完善。家庭联产承包责任制作为农村经济体制改革第一步,突破了"一大二公"、"大锅饭"的旧体制。而且,随着承包制的推行,个人付出与收入挂钩,使农民生产的积极性大增,解放了农村生产力。[1]农村的改革取得了一定成效,有了经验之后,城市中各方面的改革也随之展开。

20世纪70年代,中国恢复了在联合国的合法席位,中

---

[1] 张晶:《试论当代中国土地适度规模经营的历史必然性》,《科技致富向导》,2010年第2期。

美、中日关系相继实现了正常化，世界经济一体化进程加快，亚洲"四小龙"等一批新兴工业化国家和地区的经济腾飞，这一切都为中国的改革开放提供了难得的国际环境。1978年、1979年，邓小平先后访问了日本和美国，在深感中国已经落后的同时，他也不断地思考中国的对外开放应该怎么搞，突破口在哪里？

　　1979年4月在京召开中央工作会议时，担任广东省委主要领导的习仲勋、杨尚昆提出了一个建议：广东临近港澳，可以发挥这一优势，在对外开放上做点文章。听了习仲勋和杨尚昆的建议后，邓小平陷入了沉思，心中有了主意后，他说出了一句载入史册的话："在你们广州划出一块地方来，也搞一个特区，怎么样？过去陕甘宁就是特区嘛。中央没钱，你们自己去搞，杀出一条血路来。"在邓小平的倡议下，深圳、珠海、汕头、厦门和海南经济特区相继于1980年和1988年成立，此后特区发展迅速，真正成为中国对外开放的突破口和窗口。

　　经济特区搞了几年后，有人提出疑问来了，此时的特区会不会成为旧中国的殖民地呢？针对这一问题，1981年7月，中共中央、国务院批转的《广东、福建两省和经济特区工作会议纪要》明确地提出，"这些疑问是没有根据的。我国特区是经济特区，不是政治特区。特区内全面行使我国国家主权，这和由不平等条约产生的租界、殖民地在性质上根本不同。世界上许多国家的经验证明，特区是扩大出口贸易、利用外资、引进技术、发展经济的比较成功的好形式。对我国来说，特区是我们学习与外国资本竞争、学习按经济规律办事、学习现代化经济管理的学校，是为两省甚至全国训练和造就人才的基地。"

时隔三十五年，我们再来看邓小平为核心的第二代中央领导集体的决策，是非成败显而易见：生产力水平提高了，人民生活不仅实现了小康，而且精神层次的消费需求也日益发展起来。放眼国际，中国已毫无疑问的地成为世界第二大经济实体，中华民族这只沉睡了一百多年的雄狮苏醒了。

四、"三步走"的发展战略

中国进行改革开放，没有具体的目标、具体的战略不行，邓小平考虑中国的发展战略目标问题，是从与日本首相大平正芳的会谈开始的，在谈话中，大平首相向邓小平提出了一个问题："中国根据自己独立的立场提出了宏伟的现代化规划,要把中国建设成伟大的社会主义国家。中国将来会是什么样的情况?"大平的这一问题引起的邓小平的思考,他回想起1960年大平担任官房长官时,他提到过日本未来十年的收入倍增计划,到1970年,他们的这个计划实现了。在我国过去的经济建设中,也不是没有指定指标或目标,"大跃进"时提出的"赶美超英"、十年"文革"时期以及粉碎"四人帮"之后的两年,我们的经济指标都存在一个特点,就是受"左"的思想的影响,严重脱离中国的实际情况,盲目地提出不切实际的高指标、大计划,造成国民经济比例失调。之后,在国民经济的调节过程中,周恩来总理提出"四化"建设,但是中国的现代化与外国的有什么区别呢?想到这,邓小平回答到:我们要实现的四个现代化,是中国式的四个现代化,即到本世纪末,我们的四个现代化已经达了某种目标,我们的国民平均收入也还是很低的。要达到第三世界中比较富裕一点的国家的水平,比如国民平均收入到达一千美金,我们还得付出很大的努力才行。就算是达到那样的水平,同西方来比,也还是落后的。我只能说,中国也还是一个"小康"的状态。邓小平说的这些话表明他已经深刻地认识到中国与发达国家比起来的落后,我国人口多、底子薄、基础差，因此发展目标不能定得过高，实现现代化的时间也不能太短。

小康目标提出后，邓小平进一步思考中国的发展战略问题，用具体的数据确定了我国经济发展的目标。1987年4月30日，邓小平在会见西班牙副首相格拉时，第一次提出了三步发展战略目标的设想。他是这样表述的："从1978年底十一届三中全会到现在将近九年的时间，算是第一步。第一步原定的目标，是在八十年代翻一番，以1980年为基数，当时国民生产总值人均只有二百五十美元，翻一番，达到五百美元。第二步是本世纪末，再翻一番，人均达到一千美元。实现这个目标意味着我们进入小康社会，把贫穷的中国变成小康的中国。那时国民生产总值超过一万亿美元。虽然人均数还很低，但是国家的力量有很大的增强。我们制定的目标更重要的还是第三步。第三步是在下世纪用三十到五十年再翻两番。目标大体上是人均达到四千美元。"邓小平完整地表述了上世纪八十年代到本世纪中叶我国现代化进程中要实现的三步走的发展战略目标。如今，他所描述的七十年目标到现在时间已刚好过了一半，我国用了35年的时间，到2012年我国人均GDP达到6100美元，虽然我国现在仍然存在着诸如住房、养老、医疗等各方面的问题，但是实践证明，改革开放符合党心民心、顺应时代潮流，改革开放的方向和道路是完全正确的，成绩和功效不容否定，停顿和倒退没有出路。

第三节　社会主义本质论

一、理论的来源

马克思在《哥达纲领批判》中精辟地指出：资本主义经过一个实行无产阶级专政的过渡时期，发展到共产主义社会，共产主义社会自身又是从第一阶段不断向高级阶段发展的。关于过渡时期，马克思是这样论述的："在资本主义社会和共产主义社会之间，有一个从前者转变为后者的革命转变时期。同这个时期相适应的也有一个政治上的过渡时期，这个时期的国家只能是无产阶级的革命专政。"马克思把共产主义社会分为共产主义第一阶段和共产主义高级阶段。关于共产主义的第一阶段，他说："我们这里所说的是这样的共产主义社会，它不是在它自身基础上已经发展了的，恰好相反，是刚刚从资本主义社会中产生出来的，因此它在各个方面，在经济、道德和精神方面都还带着它脱胎出来的那个旧社会的痕迹。""这些弊病，在经过长久阵痛刚刚从资本主义社会产生出来的共产主义社会第一阶段，是不可避免的。"马克思所说的共产主义第一阶段后来列宁在《国家与革命》中描述为社会主义社会，也就是今天我们所处的这一社会形态。马克思在《哥达纲领批判》中就指出，共产主义第一阶段与共产主义高级阶段在发展程度上是不同的，如生产力水平、社会分工、分配制度以及人们的思想觉悟等方面仍然带有旧社会的特点。具体地说就是：第一，生产力没有发展到很高水平，物质财富还没有极大丰富；脑力劳动和体力劳动还存在本质差别；劳动还是谋生的手段，还没有成为生活的第一需要。第二，生产关系不成熟，生产资料公有制的建立虽然排除了任何人利用生产资料占有剥削他人劳动的可能性，但是分配上还是以劳动为尺度。劳动者由于不平等的劳动能力和赡养人口的多少，实际上所得到的消费资料还有很大差别，按劳分配所体现的平等权利仍然被限制在一个资产阶级的框架里。第三，上层建筑不完善，人们的精神、道德还受着它脱胎出来的那个旧社会的影响，人们的教育、文化和文明还没有达到很高的程度，民主权利也受到经济结构以及文化发展程度的限制。第四，还不能实现每个人自由而全面的发展，迫使人们奴隶般的服从社会分工的情况还没有完全消失，需要和享受均为完全失去利己主义性质。

二、理论的提出

邓小平在吸收先辈们成果的基础上，从中国的实际情况出发，总结多年来离开生产力抽象的谈论社会主义，把许多束缚生产力发展的并不具有社会主义本质属性的东西当作"社会主义原则"加以固守，把许多在社会主义条件下有利于生产力发展的东西当成"资本主义复辟"加以反对的历史教训，创造性地对社会主义本质进行了新的概括，深化了我们对社会主义的认识。

20世纪80年代初，我国刚刚实行改革开放之际，针对一些人因政策调整而产生的困惑和疑虑，邓小平在论述怎样才能发挥社会主义优越性的问题时，提出了社会主义本质理论。鉴于我国过去搞了20多年的社会主义实践，人民生活水平提高不多、生产力发展不够理想、与世界先进水平拉大的实际情况，他指出："社会主义是一个很好的名词，但是如果搞不好，不能正确理解，不能采取正确的政策，那就体现不出社会主义的本质。"他在社会主义本质理论中把生产力的发展看作是体现社会主义本质的内容，实际上已经提出了社会主义本质的核心内容。邓小平还对不符合社会主义本质的内容进行了深刻的剖析，他认为，贫穷不是社会主义，发展太慢也不是社会主义，平均主义不是社会主义，两极分化也不是社会主义，没有民主就没有社会主义。

1986年9月，邓小平在回答美国记者迈克·华莱士提出的有关"致富光荣的口号同社会主义的关系"时，指出社会主义本质的另一个特征，他说："关于共产主义，'文化大革命'中有一种观点，宁要穷的共产主义，不要富的资本主义。我在一九七四年、一九七五年重新回到中央工作时就批驳了这种观点。正因为这样，当然还有其他原因，我又被打下去了。当时我告诉他们没有穷的共产主义，按照马克思主义观点，共产主义社会是物质极大丰富的社会。因为物质极大丰富，才能实现各尽所能、按需分配的共产主义原则。社会主义是共产主义第一阶段，当然这是一个很长很长的历史阶段。社会主义时期的主要任务是发展生产力，使社会物质财富不断增长，人民生活一天天好起来，为进入共产主义创造物质条件。不能有穷的共产主义，同样也不能有穷的社会主义。致富不是罪过。但我们讲的致富不是你们讲的致富。社会主义财富属于人民，社会主义的致富是全民共同致富。社会主义原则，第一是发展生产，第二是共同致富。我们允许一部分人先好起来，一部分地区先好起来，目的是更快地实现共同富裕。正因为如此，所以我们的政策是不使社会导致两极分化，就是说，不会导致富的越富，贫的越贫。坦率地说，我们不会容许产生新的资产阶级。"这段话便成为社会主义本质论断的雏形。

1990年12月，邓小平又一次强调共同富裕的问题，他说："共同致富，我们从改革一开始就讲，将来总有一天要成为中心课题。社会主义不是少数人富起来、大多数人穷，不是那个样子。社会主义最大的优越性就是共同富裕，这是体现社会主义本质的一个东西。如果搞两极分化，情况就不同了，民族矛盾、区域间矛盾、阶级矛盾都会发展，相应地中央和地方的矛盾也会发展，就可能出乱子。"

到1990年，邓小平关于社会主义本质理论的主要观点初步形成。在1992年南方谈话时，邓小平明确提出了关于社会主义本质的著名论断："社会主义的本质，是解放生产力，发展生产力，消灭剥削，消除两极分化，最终达到共同富裕。"

三、理论的科学内涵

邓小平关于社会主义本质所做的概括,一方面强调必须集中力量解放和发展生产力,另一方面指出了解放和发展生产力的手段和目的。邓小平关于社会主义本质理论既坚持了马克思、恩格斯的科学社会主义观点,又赋予了它新的含义和时代内容。基本内涵有以下两个方面:

第一,把解放和发展生产力纳入到社会主义的本质。这是这一理论最鲜明、最突出的特点。解放和发展生产力是每一个新的社会制度固有的历史使命和根本任务,过去人们没有把它纳入到体现社会制度属性的范畴,但是,正是因为忽略了生产力的发展,我国在相当长的一段时间内,离开生产力的水平抽象的谈论社会主义,误以为只要不断地改变生产关系,提高公有化的程度,就能推动生产力的发展,一个时期内甚至以阶级斗争为纲取代发展生产力这个中心任务。邓小平结合我国建设社会主义的经验教训,把解放和发展生产力作为社会主义本质内涵,充分体现了我国的具体国情和时代特征。对于发展生产力的问题,还存在一个解放生产力的问题,所谓解放生产力,就是变革经济体制、政治体制以及其他各个方面中不符合生产力发展的生产关系，把不断地变革作为发展生产力的手段，根据变化了的生产力不断地调整生产关系以适应生产力的发展。

第二，突出强调消灭剥削，消除两极分化，最终达到共同富裕。马克思主义认为共产主义的目标是实现人的自由而全面的发展，我国作为共产主义第一阶段的社会主义，邓小平从我国的实际出发，把实现共同富裕作为社会主义的根本目标，体现了马克思主义与当代中国实际的结合。共同富裕从生产力方面讲，就是要大力发展生产力，实现物质财富的极大丰富，从生产关系方面讲，就是要消灭剥削，消除两极分化，改革开放的成果由全体中国人民所共享。共同富裕目标的实现也是一个随着生产力的发展而逐步实现的比较长的动态过程。我国处在社会主义初级阶段，生产力还没有得到充分发展，仍然会在一定程度上和一定范围内存在剥削现象和出现两极分化的可能性。

四、理论的重要意义

邓小平对社会主义本质的揭示又一次解放了人们的思想，为改革开放、建设中国特色社会主义提供了重要的理论依据和思想指导。它的重要意义在于：

第一，继承、丰富和发展了马克思主义的社会主义观，把对社会主义的认识提高到对社会主义的认识的新的科学水平。邓小平的社会主义本质论断，在继承前人的社会主义观的基础上，认真总结了包括苏联在内的社会主义国家建设的经验教训，特别是中国社会主义20年曲折发展的经验教训，立足于改革开放以来新的实践，对社会主义的根本性问题上升到"本质"的高度，作了马克思主义发展史上的第一次概括。这一概括既包含着以往社会主义的合理性，又弥补了其中的不足。

第二，对探索怎样建设社会主义具有重要的实践意义。社会主义本质论的提出，使党和人民充分理解了单一公有制不是社会主义本质，计划经济不是社会主义本质和独有的特征，贫穷不是社会主义，发展太慢不是社会主义，平均主义不是社会主义，两极分化也不是社会主义的科学根据。因为只有坚持社会主义的基本制度，才能从根本上保证消灭剥削，消除两极分化，最终达到共同富裕。

邓小平在谈到社会主义本质时并没有把将它限定在凝固的时空中，而是用五个动词"解放""发展""消灭""消除""达到",在动态中生动地描绘了社会主义的本质。社会主义是一个过程,社会主义本质的实现也是一个历史的发展过程。因此,不能用僵化的观点去看待社会主义本质。例如,消灭剥削,消除两极分化的实现就需要很长一个过程,在社会主义初级阶段,我们不可能完全消灭私有制和剥削现象,也就是不可能根除贫富差别。相反,为了发展社会生产力,我们还要积极鼓励和引导非公有制经济的发展。但是,随着社会主义的不断发展、完善和进步,它的本质内容终将会表现出来,最终会消灭剥削,否则,就不是社会主义。

第四节 "猫论"的发展

"不管白猫黑猫,会捉老鼠就是好猫",本是邓小平的故乡四川省的一句俚语。很多人都知道这样一个故事:有个人去买猫,卖猫的人用袋子装着自己的猫,卖猫的人对前来买猫的人说袋子里的猫是黄猫,于是买猫的人就买下了,可是回家打开一看,原来是黑猫。买者很后悔,旁边的家人就劝解他:"管他黄猫黑猫,抓住老鼠就是好猫。"

邓小平参加革命后,与刘伯承经常一起指挥作战,刘伯承经常用这句话比喻打仗。我军指导思想曾经一度崇尚"洋教条",打仗一切得按"本本"指挥,若按"本本"打仗,吃了败仗也受表彰的事屡见不鲜,若不按"本本"打仗,即使打了胜仗挨处罚甚至被枪毙的事也时有发生。这种"崽卖爷田心不痛"的搞法,引起了部队上下的强烈不满。针对这种情况,刘伯承元帅便多次引用"不管是黄猫、黑猫,只要捉住老鼠就是好猫"这个民谚,借以痛斥当年我军指导思想上的主观主义和教条主义,以表达自己在军事指挥上的正确主张。每逢大战在即,刘帅就经常用这句俗语告诫部下,"不讲老规矩,不按老路子,一切看情况,打赢了算数",生动形象,富有针对性和说服力,深受指战员的喜爱。久而久之,"猫论"便经刘伯承之口进入军事领域,赋予了一种新的涵义。

邓小平早在六十年代指导恢复经济工作时,就曾用"猫论"来谈论经济建设中遇到的一些问题,在"文化大革命"时,还因此受过批判,但是进入改革开放新时期后,"猫论"被赋予一种特殊的含义。

1984年,著名画家陈莲涛曾精心创作过一副《双猫图》敬献给邓小平,两只猫一前一后,缓慢前进,白猫雪白轻柔，黑猫乌黑剔透，异常可爱，画的上方题词是："不管白猫黑猫，捉住老鼠就是好猫。"落款处是"小平同志雅正海石老人"。当然，"黑猫""白猫"只是一种比喻，"不管黑猫白猫，抓住耗子就是好猫。"这句话其实讲的是一种求实、务实的理念，邓小平用这句话来支持当时的"包产到户"、"责任田"，同时也体现了邓小平性格中的务实性。正如计划与市场只是发展经济的手段，不是判断姓"资"姓"社"的标准，不管是计划，还是市场，只要有利于社会主义生产力的发展，就可以用来为社会主义建设服务。在1992年的南方谈话中，邓小平充分地论述了这个观点。

正确理解邓小平的"猫论"，就必须剔除两种种错误观点。第一，"猫论"不是"唯生产力论"。我们讲"猫论"是实事求是，从实际出发，它作为一种种价值判断标准，是服务于社会主义生产力的发展，服务的目标是实现共同富裕，邓小平讲的"猫论"，是为发展社会主义经济服务的，在农村进行改革时，要从当时中国农村的生产力状况出发，选择适合农村生产力解放、解决农民温饱问题的农业生产形式，在在这种具体的情况下，邓小平用"猫论"来解放人们思想，推动家庭联产承包责任制的推行。第二，"猫论"更不是实用主义，并不是说有用就是真理，它是讲制定党的政策，要从客观实际情况出发，尊重群众的愿望，采取灵活的办法，调动基层和群众的积极性，促进生产力的发展，达到巩固和发展社会主义的目的。

猫论解冻了我们冰封的思想，这不是对中国的资本主义化，而是一位历史巨人应用辩证的否定观为我们发锈的头脑注入的润滑剂，也似是一束激光，击碎了我们的"胆"结石，"猫论"的意义不容忽视！我们没有必要继续冰封我们的思想，没有必要自我去沉积什么胆结石、肾结石，更不必道听途说，妄自臆断，像一个街头巷尾的小人物，把东瞧瞧、西看看和一派胡说当成精明。去做抓耗子的猫吧！观望不会进步，胡说更会自乱心智，只有一步一个脚印地走下去才会有出路。

第五节　南方谈话

上世纪九十年代一首《春天的故事》唱遍了祖国的大江南北，聆听春天的故事，我们敬重一个老人的眼光和胸怀；聆听春天的故事，我们触摸到一个民族自强不息的滚烫血脉；聆听春天的故事，我们强烈感受到一个国家开拓奋进的步伐如同大潮澎湃。这位老人我们再熟悉不过，他就是让我们过上幸福生活的小平同志！现在，就让我们一起走进1992年的春天……

一、春天来临前

1992年，元旦刚过，春节将至，北京城里到处洋溢着浓浓的过年气氛。但是中国的改革开放却遇到了前所未有的瓶颈，中国又走到了历史的十字路口，在中国面临严峻考验的时刻，已退休但仍时刻关注改革开放大业的邓小平，以88岁高龄，毅然驱车南下，为中国跨世纪的腾飞而奔走疾呼。

邓小平何以如此周密谨慎地非要到祖国的南方走一走呢？我们还是要回顾一下当时中国面临的国际国内大背景。

"六四风波"发生后，邓小平对其发生的原因作了这样的分析，他说："这场风波迟早要来，这是国际的大气候和中国自己的小气候所决定了的，是一定要来的，是不以人们的意志为转移的。"

邓小平所说的"国际大气候"，一方面是指国际共产主义运动的挫折，80年代末90年代初期，东德与西德合并，柏林墙倒塌；东欧剧变，各国共产党纷纷丧失政权；苏联解体，曾经的辉煌一夜之间瓦解，世界上第一个社会主义国家消失了！从东欧社会主义国家发生剧变到苏联解体，世界社会主义运动犹如大山雪崩，发生连锁反应，在全世界引起极大震荡：社会主义遭受到极其严重的挫折，国际敌对势力乘机大肆攻击，国际共产主义运动陷入低潮。

邓小平所说的"国际大气候"，另一方面是指西方敌对势力在意识形态方面的斗争开始采取"和平演变"战略，利用舆论工具、信息手段和文化交流机会，向我国传播、渗透西方的意识形态、价值观念和"自由社会"模式。他们的政策是支持社会主义国家中"持不同政见者"和"一切削弱共产党领导的工潮、学潮和民族纠纷"。以"民主、自由、人权"为旗号，大力宣传资本主义的议会制和多党制，利用国际共产主义运动出现的曲折，宣传"共产主义已经死亡"，对社会主义国家内部"持不同政见者"进行政治庇护，大力扶植"反对派"。我国的对外开放政策，正好给西方国家实施"和平演变"提供了一个大好时机，西方国家通过各种传播媒介，宣扬资本主义的个人主义价值观念和腐朽没落的生活方式，以求在思想文化观念上实行"软着陆"，腐蚀共产主义的精神支柱。美国总统艾森豪威尔说："在宣传上花1个美元等于在国防上花5个美元。"集西方和平演变理论之大成的尼克松更是赤裸裸地说："最终对历史起决定作用的是思想，而不是武器。"

而当时中国的"小气候"又是什么样的呢？邓小平有句话叫"摸着石头过河"，他用这句话说中国的改革开放事业，这是一次新的伟大的尝试，没有现成的经验可寻，所以在现代化的建设过程中难免存在失误，1989年的"六四风波"就是改革开放中各种矛盾的缩影，当时国家财政、信贷"双紧"，经济增速过快，通货膨胀矛盾逐步升级；"三步走"的发展战略受阻。物价改革引起了全国性的抢购风潮，导致了物价猛涨、通货膨胀、社会生产与消费总量严重不平衡，造成经济秩序紊乱。面临严峻的经济形势，1988年9月，在北京召开了党的十三届三中全会，开始认真治理经济环境和整顿经济秩序。形成了治理经济环境、整顿经济秩序、全面深化改革的方针。经过三年的经济整顿，到1992年，经济发展速度放缓了，社会稳定了，但是一些企业由于亏损严重而纷纷倒闭。在思想领域，资产阶级自由化思想泛滥，主张资产阶级自由化的人摆出一副"忧患"的面孔，否定性批判的矛头对准整个的社会主义制度，企图取消中国共产党的执政地位，进行全盘西化，邓小平的南方谈话就是在这种复杂的国际国内环境下进行的。

二、春天里

1992年1月19日上午9时整，邓小平乘坐的列车徐徐进站了。车停稳后，当身穿深灰色夹克、黑色西裤的邓小平神采奕奕地步出车门，静候多时的中共广东省委书记谢非，中共深圳市委书记李灏、深圳市市长郑良玉，立刻迎上前去。邓小平满面笑容地同他们一一握手。

出站后，邓小平同省市负责人登上一辆中巴，一直驶到下榻的市迎宾馆——桂园。与接待人员寒暄之后，他们都劝邓小平好好休息，但这位88岁高龄的老人毫无倦意，邓小平兴奋地说："到了深圳，我坐不住啊，想到处去看看。"

于是在广东省各级领导的陪同下，邓小平开始乘车游览深圳市。车子缓缓地在市区穿行。车窗外，景色一一掠过，街宽路阔，高楼耸入云端，到处充满了现代化的气息。而8年前，这里有些还是一汪水田、鱼塘、羊肠小路和低矮的房舍，对此，邓小平记忆犹新。目睹眼前繁荣兴旺、生机勃勃的景象，邓小平十分高兴，他一边观光，一边同省市负责人亲切交谈。

当谈到办经济特区的问题时，邓小平说："对办特区，从一开始就有不同意见，担心是不是搞资本主义。深圳的建设成就，明确回答了那些有这样那样担心的人。特区姓'社'不姓'资'。从深圳的情况看，公有制是主体，外商投资只占四分之一，就是外资部分，我们还可以从税收、劳务等方面得到益处嘛！多搞点'三资'企业，不要怕。只要我们头脑清醒，就不怕。我们有优势，有国营大中型企业，有乡镇企业，更重要的是政权在我们手里。有的人认为，多一分外资，就多一分资本主义，'三资'企业多了，就是资本主义的东西多了，就是发展了资本主义。这些人连基本常识都没有。"

这时，车子行至火车站前，邓小平的小女儿邓榕指着火车站大楼那苍劲有力的"深圳"两个大字对父亲说："您看，这是您的题字。人们都说写得好。"邓楠在一旁说："这是您的专利，也属知识产权问题。"邓小平开心地笑了起来。接着，邓小平对广东经济的发展问题发表了自己的意见，他语重心长地说：亚洲"四小龙"发展很快，你们发展也很快。广东要力争用20年的时间赶上亚洲"四小龙"。接着他又补充说："不仅经济要上去，社会秩序、社会风气也要搞好。两个文明建设都要超过他们，这才是有中国特色的社会主义。新加坡的社会秩序算是好的，他们管得严，我们应该借鉴他们的经验，而且比他们管得更好。"

不知不觉中，车子到了皇岗口岸，邓小平站在深圳河大桥桥头，深情地眺望对岸的香港，然后察看皇岗口岸的情况。皇岗边检站站长熊长根向邓小平介绍说，皇岗口岸是1987年初筹建，1989年12月29日开通的。占地1平方公里，有180条通道，最高流量可达5万辆次和5万人次，是亚洲最大的陆路口岸。最近每天约通过7000辆车次和2000人次。邓小平听了很高兴，不断点头，露出满意的笑容。

1月20日上午9时35分，邓小平在省、市负责人的陪同下，来到国贸中心大厦参观。国贸中心大厦，高高耸立，直插云端。这是深圳人民的骄傲。深圳的建设者曾在这里创下了"三天一层楼"的纪录，成了"深圳速度"的象征。到深圳的中外人士，总要登上楼顶的旋转餐厅，俯瞰深圳。

这天，邓小平也来到了旋转餐厅俯瞰深圳市容。他看到高楼林立、鳞次栉比，一派欣欣向荣的景象，很是高兴。坐下来后，他先看了一张深圳经济特区总体规划图。接着，听取了李灏关于深圳的改革开放和经济建设的情况汇报。

李灏说：深圳的经济建设发展很快，人民生活水平有了很大提高，1984年，人均收入为600元，现在是2000元。改革开放也有了很大的进展。听了汇报后，邓小平充分肯定了深圳在改革开放和建设中所取得的成绩，并和省市负责人作了长达30分钟的谈话。他说：要坚持党的十一届三中全会以来的路线方针政策，关键是坚持"一个中心、两个基本点"。不坚持社会主义，不改革开放，不发展经济，不改善人民生活，只能是死路一条。基本路线要管100年，动摇不得。他说，要坚持两手抓，一手抓改革开放，一手抓打击各种犯罪活动。这两只手都要硬。打击各种犯罪活动，扫除各种丑恶现象，手软不得。他还谈到中国要保持稳定，干部和党员要把廉政建设作为大事来抓，要注意培养下一代接班人等重大问题。在谈话中，他强调要多干实事，少说空话。他说，话太多，文章太长，不行。谈到这里，他指着窗外的一片高楼大厦说，深圳发展这么快，是靠实干干出来的，不是靠讲话讲出来的，不是靠写文章写出来的。

邓小平的谈话，使在场的人深受教育和鼓舞。当邓小平离开旋转餐厅下到一楼大厅时，大厅的音乐喷泉，随着优美的乐曲，喷出图案多变的水柱和水花，蔚为壮观。一楼到三楼，站满了群众，黑压压的一片。尽管人山人海，但秩序井然，人们为有幸能一睹邓小平的风采而万分激动，也为邓小平同志身体健康、精神饱满而无比高兴。群众以雷鸣般的掌声来表达他们对倡导改革开放政策的邓小平同志的爱戴和崇敬，表达他们对身受其惠的改革开放政策的拥护和支持。邓小平也满面笑容地频频向群众招手致意，呈现出老一辈无产阶级革命家同人民群众融洽无间的动人情景。

离开国贸大厦，邓小平一行乘车去深圳先科激光公司参观。先科激光公司，是一家高科技企业，引进荷兰飞利浦公司的先进生产技术，是我国唯一的生产激光唱片、视盘和光盘放送机的公司。车子到达先科激光公司时，公司董事长叶华明等人迎上前去，和邓小平同志亲切握手。叶华明是叶挺将军的儿子，1946年4月8日叶挺将军因飞机失事不幸遇难，叶华明和弟弟叶正光曾先后生活在聂荣臻元帅家里。邓小平常去聂帅家，见过叶华明和他的弟弟。

在公司贵宾厅，邓小平听取了叶华明关于公司情况的介绍，并兴趣盎然地看了激光视盘的特性、音响效果、功能和检索能力的表演。从贵宾厅出来到激光视盘生产车间，经过30米长的过道，许多职工在过道两侧热烈鼓掌欢迎邓小平。

1月22日下午，邓小平又接见了深圳市的领导班子，并与他们合影，合影后，邓小平向省市负责人做了重要讲话。他说：改革开放胆子要大一些，敢于试验，不能像小脚女人一样。看准了的，就大胆地试，大胆地闯。深圳的重要经验就是敢闯。没有一点闯的精神，没有一点"冒"的精神，没有一股气呀、劲呀，就走不出一条好路，走不出一条新路，就干不出新的事业。不冒风险，办什么事情都有百分之百的把握，万无一失，谁敢说这样的话？一开始就自以为是，认为百分之百正确，没那回事，我就从来没有那么认为。

李灏说：深圳特区是在您的倡导、关心、支持下才能够建设和发展起来的。我们是按您的指示去闯、去探索的。邓小平说：工作主要是你们做的。我是帮助你们、支持你们的，在确定方向上出了一点力。

邓小平还指出：社会主义的本质，是解放生产力，发展生产力，消灭剥削，消除两极分化，最终达到共同富裕。证券、股市，这些东西究竟好不好，有没有危险，是不是资本主义独有的东西，社会主义能不能用？允许看，但要坚决地试。看对了，搞一两年对了，放开；错了，纠正，关了就是了。关，也可以快关，也可以慢关，也可以留一点尾巴。怕什么，坚持这种态度就不要紧，就不会犯大错误。在谈话中，邓小平还谈到：现在建设中国式的社会主义，经验一天比一天丰富；在农村改革和城市改革中，不搞争论，大胆地试，大胆地闯；我们的政策就是允许看，允许看，比强制好得多。

1月23日上午9时40分，邓小平结束了在深圳的考察，登上了海关快艇，到珠海特区考察。在快艇上，邓小平听完谢非和梁广大关于改革开放和试办特区给广东和珠海带来的可喜变化的情况汇报后，谈起农村家庭联产承包的改革和经济特区的创办，再次强调要争取时间，抓住机遇，大胆地试，大胆地闯。他提醒大家要警惕右，但主要是防止"左"。保持清醒的头脑，这样就不会犯大错误，出现问题也容易纠正和改正。他还就如何坚持党的基本路线和三中全会以来的方针政策，进行了深刻的阐述。

1月25日上午9时35分，邓小平来到珠海市高新技术企业亚洲仿真控制系统工程有限公司参观。公司总经理游景玉向他详细介绍了公司的科研、生产和科技队伍等情况。随后，邓小平又亲切地问游景玉："你是留美学生吗？"游景玉说，我曾去美国接受培训，负责引进仿真技术。我们这里有一批人在美国学习过。他们每天工作10个小时，决心把祖国的高科技事业发展起来。邓小平沉思片刻，深情地说："你们带头，希望所有出国学习的人回来。不管他们过去的政治态度怎样，都可以回来；回来我们妥善安排。起码国内相信他们。告诉他们，要做贡献，还是回国好。"

参观中，游景玉汇报说："我们公司投产第一年，人均产值达20多万元。"邓小平马上接着道：更重要的是水平。近一二十年来，世界科学技术发展多快啊！高科技领域的一个突破，带动了一批产业的发展。要提倡科学，靠科学才有希望。近十几年来我国科技进步不小，希望在90年代，进步得更快。

在计算机房内，邓小平走着看着，脸上露出喜悦的神情。当他走到一台计算机旁时，停了下来，与一位正在操作的复旦大学毕业的年轻人交谈起来。他握着这位年轻人的手，高兴地说：要握一握年轻人的手，科技的希望在年轻人。

在他们乘坐汽车经过景山路时，看见一座座厂房从车窗外闪过，他说：现在的基础不同了，10年前哪有这么多工厂？他再次谈到经济发展速度问题。

他说：经济发展比较快的是1984年至1988年。这5年，首先是农村改革带来了许多新的变化，农作物大幅度增产，农民收入大幅度增加，乡镇企业异军突起，不仅盖了大批新房子，而且自行车、缝纫机、收音机、手表"四大件"和一些高档消费品进入普通农民家庭。那几年，是一个非常生动、非常有说服力的发展过程。可以说，这期间我国财富有了巨额增加，整个国民经济上了一个新的台阶。

他接着说道：1989年开始治理整顿。治理整顿，我是赞成的，而且确实需要。经济"过热"确实带来一些问题。比如，票子发得多了一点，物价波动大了一点；重复建设比较严重，造成了一些浪费。但是怎样全面地来看那5年的加速发展？那5年的加速发展，也可以称作一种飞跃，但与"大跃进"不同，没有伤害整个发展的机体机制。那5年的加速发展功劳不小，这是我的评价。治理整顿有成绩，但评价功劳，只算稳的功劳……如果不是那几年跳跃一下，整个经济上了一个台阶，后来3年治理整顿不可能顺利进行。看起来我们的发展，总是要在某一阶段，抓住时机，加速搞几年，发现问题及时加以治理，尔后继续前进。

邓小平南方谈话的最后一站是上海，正值春节，时任市委书记的吴邦国、市长黄菊代表上海1300万上海人民向邓小平拜年。2月7日，邓小平在视察上海时，参观了南浦大桥，邓小平由衷地赞叹道："南浦大桥的设计与建造具有国际领先水平，真伟大。"他指着大桥横梁上朴素而又不无大气的"浦东大桥"四个字时，说："看来我为大桥题的字，没有给大桥丢丑。"邓小平如沐春风般的话语给陪同人员一种轻松愉快的感觉。第二天，在夜游黄浦江时，邓小平对选拔、培养、使用年轻干部的问题发表了重要意见。他说："干部培养体制上要后继有人，各个梯次上都要有。要解放思想，这是解放思想最重要的一个方面，胆子要大一点，人无完人。年轻一点的同志有这样那样的缺点，老的就没有吗？老的也是那样走过来的。要从基层搞起，就后继有人。"

2月10日，邓小平来到上海的漕河泾开发区，在那视察了中外合资上海贝岭微电子制造有限公司，他看到工厂内的先进技术设备，问在场的同志，你们说这些设备是姓"社"还是姓"资"，吴邦国回答说是姓"社"，邓小平点了点头，意味深长地谈到，资本主义国家的设备、技术、管理，拿来为我们社会主义所用，那就是姓"社"了。他拿前苏联的例子来分析，他说，前苏联原是一个经济技术发达的国家，由于闭关自守而导致落后，最后落得个国家解体的悲剧。他加重语气强调："关键是要在社会主义的前提下，把门开得大一些。"

2月12号上午，邓小平一行驱车来到闵行开发区，他到这里的社会主义新农村马桥镇旗忠村进行了视察，在看待村内一排排别墅式农民新舍时，他问马桥镇党委书记王顺龙："你们发展这么快，靠什么？"王顺龙回答："靠您老人家改革开放的好政策。"邓小平又问了一句："是这样吗？"听到肯定的回答，邓小平舒心地笑了。2月20号下午3时，邓小平从上海乘坐火车返回北京。

邓小平的南方谈话，看似云淡风轻，但是他在视察每一个地区、说每一句话时都是经过深思熟虑的，他在鼓励人们放开胆子大胆的干，同时他也在指导人们要实干，在搞经济建设的时候，还要抓精神文明，还有打击各种犯罪活动，社会秩序不能乱，稳定的社会环境是前提，有了这个前提，人们要大步往前迈，不要像小脚女人似的缩手缩脚。南方谈话像一阵春风，播种改革开放的希望，南方谈话后，我国的改革开放既全面的铺开，又挺进纵深，出现了波澜壮阔、气势非凡的全新景象。

第七章　邓小平对国际和平的贡献

第一节　和平与发展成为世界主题

和平是关系人类兴衰存亡的大事。二十世纪爆发的两次世界大战，给人类带来了巨大的灾难，人们从切身的体会中感受到和平的珍贵。战后，由于美苏两极争霸，整个世界虽然结束了战争状态但却陷入了冷战的阴霾。美苏争霸的态势剑拔弩张，世界范围内的革命浪潮也是此起彼伏，第三次世界大战爆发的可能性很大。世界和平又面临着新的威胁，如何避免战争实现持久的和平，成为许多政治家、思想家和有识之士反复思考、孜孜以求的问题。在这种国际形势下，邓小平在20世纪80年代，运用马克思主义唯物史观关于社会基本矛盾的原理，站在全球发展的制高点上对时代发展和国际形势做出了科学判断。他第一次提出世界大战是可以避免的，维护世界和平是有希望的，并做出和平与发展是当代世界两大主题的新判断，对于我们顺应全球范围争取世界和平、促进经济发展的时代潮流，走和平发展的道路，在国内努力构建和谐社会，在国际努力建设和谐世界具有十分重大的理论意义和实践价值。

科学准确地判断国际形势是一个国家制定正确的内外政策的基础和依据。20世纪80年代，邓小平依据国际形势的变化指出了和平与发展取代战争与革命成为当代世界的时代主题，是当今世界上两大突出问题和带有全球性战略问题的重大论断。十一届三中全会以后，邓小平用实事求是的思想对20世纪以来世界的变化作了通盘审视，得出了"在较长时间内不发生大规模的战争是有可能的，维护世界和平是有希望的"的科学论断，从而形成了和平与发展两大主题的崭新时代观。邓小平对和平与发展这一时代命题曾经作出多次的精辟论述，对当今世界基本态势作了科学的高度的概括，1984年5月，邓小平会见巴西总统时就指出："现在世界上问题很多，有两个比较突出。一是和平问题……二是南北问题。"1985年3月他在接见日本客人时说："现在世界上真正的大问题，带全球性的战略问题，一个是和平问题，一个是发展问题。和平问题是东西问题，发展问题是南北问题。概括起来就是东西南北四个字，南北问题是核心问题。"1989年10月，邓小平会见缅甸总统时强调了他的主题思想：和平问题和发展问题这两个问题关系全局，带有全球性、战略性的意义。邓小平指出的"和平与发展"是当今时代的两大主题的思想，改变了过去观察和处理国际问题的思维方式，指导我们以"结束过去，开辟未来"的方针调整外交战略，为我国的经济建设创造了良好的国际环境，也有利于整个世界的和平与稳定。

和平与发展这一判断丰富发展了马克思主义关于战争与和平的思想，为中国和平发展奠定了坚实的理论基础。纵观当今世界人类，要和平社会、要前进、要发展不能靠侵略和战争而只能靠共同的发展，这是中国和平发展的时代依据。邓小平正是抓住了这一时代特征，强调指出：中国希望世界和平、地区和平。特别希望与亚洲国家发展友好关系成为更好的朋友，这不是权宜之计而是长期的战略决策。

再次，要用和平谈判方式解决国际争端。邓小平指出："世界上有许多争端，总要找个解决问题的出路。我多年来一直在想找个什么办法，不用战争手段用和平方式来解决这种问题。"邓小平创造性地提出了和平解决国际争端的方法和途径。主要是：第一，用和平协商的方式，本着互谅互让的原则，合理解决边界争端和纠纷；第二，用"主权属我、搁置争议、共同开发"的办法解决历史遗留下来的领土领海争端；第三，对于一时解决不了的，还可以留待以后解决，可以把它放下；第四，在处理国家关系时，总的指导思想是求同存异，不纠缠历史旧账，一切向前看。

第二节 中国处理国际关系的基本原则

一、反对霸权主义，切实维护世界和平

反对霸权主义是邓小平和平外交的主要表现也是其坚持的又一鲜明原则立场。霸权主义一直以来就是威胁世界和平的主要元凶，近代以来的国际关系史清楚地记录了为了争夺世界霸权和维护霸权而进行的国家间战争。而在其中通过缔结军事同盟为主的联盟关系造成地区和世界性争战的例子更不在少数。因此，反对霸权主义是维护世界和平，避免军事纷争的重要原则。20世纪80年代初，邓小平提出了"不与任何大国或国家集团结盟或建立战略关系"的外交指导原则。

邓小平指出："中国同任何国家没有结盟关系，完全采取独立自主的政策，中国不打美国牌，也不打苏联牌，中国也不允许别人打中国牌。"我们不参加任何集团，不支持任何一国或一个集团去反对另一国或集团，不把自己绑在别人的战车上，我们同谁都交往，同谁都交朋友，全面改善和发展与世界各国的关系。邓小平对战争的根源与避免战争的可能性作了明确的分析和区分，他还指出"现在威胁世界和平的主要是霸权主义，霸权主义是战争的根源，谁搞和平，我们就拥护；谁搞战争和霸权，我们就反对。"不称霸、不当头、不谋求势力范围、不搞集团政治，既有利于自己集中精力搞好国内建设，又可以在国际事务中保持很大的独立性、主动性和灵活性。坚决反对霸权主义，绝不依附任何大国和国家集团。这是中华人民共和国成立以来外交政策的根本，是在总结历史经验教训的基础上，中国所采取的有利于中国自身发展的外交策略。中国明确表示反对任何形式的霸权主义和强权政治，中国要成为维护世界和平的坚强力量，永远不谋求地区和世界霸权。反对霸权主义的和平立场，为中国外交赢得了广泛的支持和赞扬，也使得中国与广大发展中国家的传统友好关系继续稳步向前推进。

二、坚持和平共处五项原则，建立国际政治经济新秩序

国际秩序，是国际社会中各国和各国家集团围绕某种目标，依据一定规则，通过相互作用而形成的国际运行机制，通常包括国际政治秩序和国际经济秩序。

二战后，国际上占主导地位的还是建立在资本主义世界体系之上的国际旧秩序。它以不合理的国际分工，不等价交换的贸易方式，不公平的权力分配，从各方面限制和阻碍着发展中国家经济的发展。它带有鲜明的殖民主义、帝国主义的烙印，是霸权主义和强权政治的产物。这种不合理、不公正的国际政治经济秩序，使得全球东西矛盾日益严重，南北矛盾不断加剧，贫富悬殊愈拉愈大。它非常不利于世界的和平与稳定。因此，维护世界和平，必须要改变旧的不合理的国际政治经济秩序，建立公正合理的国际政治经济新秩序。

1967年10月，一些发展中国家举行部长级会议，通过《阿尔及尔宪章》，提出"建立国际经济新秩序"的主张。1974年4月，邓小平在联合国大会第六次特别会议上，第一次系统地阐明了中国关于建立国际政治经济新秩序的主张。

要建立新型的国际经济秩序，邓小平明确指出：处理国与国之间的关系和平共处五项原则是最好的方式，最具有强大的生命力，其他方式，如大家庭方式、集团政治方式、势力范围方式，都会带来矛盾，激化国际局势。要建立国际政治经济新秩序，就必须：第一，在和平共处五项原则之上建立起国家之间的崭新的政治和经济关系，反对任何地区霸权和势力范围，各国的事务应当根据本国具体情况，由各国人民自己决定，寻找适合本国国情的社会制度、意识形态、经济模式和发展道路，发展中国家对自己的自然资源享有和行使永久主权；第二，国际经济事务应当不分国家大小、贫富，求同存异、平等相待、友好相处，由世界各国共同来管理，不应当由一两个超级大国来决定，发展中国家应当参与世界贸易、货币、航运等事务的决定；第三，国际贸易应当建立在平等互利、互通有无的基础上，中国支持发展中国家改善它们的原料、初级产品、半制成品和制成品的贸易条件，扩大它们的销售市场，确定有利于发展中国家的价格；第四，对发展中国家的经济援助，应当尊重受援助国的主权，不附带任何政治军事条件，不要求任何特权等。

1988年9月，邓小平在会见斯里兰卡总理普雷马达萨时指出："现在需要建立国际经济新秩序，也需要建立国际政治新秩序。"邓小平认为，新的政治秩序就是要结束霸权主义，实行和平共处五项原则。他说："至于国际政治新秩序，我以为，中印两国共同倡导的和平共处五项原则，是最经得住考验的。我们应当用和平共处五项原则作为指导国际关系的准则。"

三、坚持独立自主和平外交政策

独立自主是我国外交政策的基石，同时也是邓小平外交思想的根本原则。建国以来，以毛泽东为代表的党的第一代领导集体坚持奉行独立自主、自力更生的外交政策，为我国独立于世界民族之林做出了重大贡献。邓小平一直是独立自主的坚定支持者，在坚持毛泽东外交思想的基础上又发展了独立自主的和平外交政策。通过总结我国多年来的外交经验，邓小平明确指出："中国的事情要按照中国的情况来办，要依靠中国人民自己的力量来办。独立自主、自力更生，无论过去、现在和将来，都是我们的立足点。中国人民珍惜同其他国家和人民的友谊和合作，更加珍惜自己经过长期奋斗而得来的独立自主权利。任何外国人不要指望中国做他们的附庸，不要指望中国会吞下损害我国利益的苦果。"邓小平还说："中国人民有自己的民族自尊心和自豪感。以热爱祖国，贡献全部力量建设社会主义祖国为最大光荣，以损害社会主义祖国利益、尊严和荣誉为最大耻辱。"

邓小平认为国家的主权、国家的安全要始终放在第一位。国家的独立自主权利，在中国所处的发展阶段上，集中表现为维护国家主权。八九政治风波后，西方发达国家制裁中国，邓小平一针见血地指出"这次动乱从反面教育了我们。国家的主权、国家的安全要始终放在第一位，对这一点我们比过去更清楚了"。在同英国谈判香港问题时，邓小平就指出"关于主权问题，中国在这个问题上没有回旋余地。坦率地讲，主权问题不是一个可以讨论的问题"。在谈到台湾问题时，他说大陆和台湾双方谈判解决，但万万不能让外国插手，那样只能意味着中国还未独立，后患无穷。面对国际人权问题，邓小平尖锐地指出，国际上"人权"问题斗争的实质是国家主权的斗争。他说人们支持人权，不要忘记还有一个国权。谈到人格，但不要忘还有一个国格。特别是像我们这样的发展中国家，没有民族自尊心，不珍惜自己民族的独立，国家是立不起来的。因此，独立自主是立国之本。

邓小平认为独立自主是我国外交政策的基本立场，是我国开展和平外交的重要保证。独立自主的和平外交政策是指为了维护我国的独立和主权的完整，为了维护世界的和平，对一切国际事务，我们都是从中国人民和世界人民的根本利益出发，根据事情本身的是非曲直，决定自己的立场和政策。无论是反对霸权主义，维护世界和平，促进人类进步；还是进行现代化建设，实行对外开放，任何时候都要坚持独立自主的和平外交政策。另外，根据新的形势，赋予独立自主的和平外交政策以新的内容，是邓小平和平外交思想的重要特色之一。邓小平要求中国外交要独立自主地决定中国对国际事务的态度和对策；阐明实行独立自主的和平外交政策是社会主义制度的本质要求；提出要在新形势下坚持独立自主就要执行不结盟的方针；坚持独立自主、自力更生，同时积极争取国际支援，促进和发展国际合作；指出在国际事务中，要根据客观事实，独立自主地决定自己的立场。

四、搁置争议、共同开发，以和平方式解决国际争端

在世界上的某些地方，由于复杂的历史原因造成的国

家不统一或国与国之间的对立，如果长期解决不了，往往成为地区性或国际性的争端。这些争端如果没有妥当方式加以解决，也会使争端升级，危害世界和平与稳定。邓小平说："世界上有许多争端，总要找个解决问题的出路。我多年来一直在想，找个什么办法，不用战争手段而用和平方式，来解决这种问题。"

中国要和平发展，面临的难题就是既要和平发展又要有效地维护中国的领土、领海主权不受侵犯。中国有大大小小的20多个邻国，而且几乎和每个邻国都存在边界争端，诸如中国与周边邻国的领海争端主要有中日钓鱼岛之争，中日韩大陆架分歧，中国与菲律宾的黄岩岛之争，还有中印边界等问题。这些争端一旦恶化，如何处理这些问题直接涉及到中国能否和平发展。

针对国际邻国边界争端这种情况，邓小平提出了"搁置争议、共同开发"新思路：第一，要有一个明确的目标。就是中国要力争有一个稳定的国际国内环境，把自己发展起来。这是我们当前要做的最主要的事情。不要把力量消耗在相互的争端上。第二，要有一个明确的指导思想。即不怕麻烦，通过"和平协商"来解决边界纠纷问题，不选择战争的方式。例如：我国从1981年12月开始，先后与印度等周边国家就边界问题举行多轮会议，签订了一系列协定、协议，为和平解决边界争端奠定了基础，使我国的周边安全环境处于建国以来最好的时期。第三，要讲究策略。问题一时解决不了的可以先放一放，他指出，即使一时解决不了，可以先放一放。在贸易、经济、文化等各个领域还可以做许多事情。

"搁置争议、共同开发"是邓小平根据国内外形势变化提出的一个解决邻国国际争端的新办法。所谓"共同开发"，就是从经济利益入手，用经济利益的共同纽带将争议中的双方连接起来，双方共同受益。"共同开发"的前提条件是维护国家主权。"共同开发"的实质是用和平方式解决两国争端。邓小平关于"搁置争议，共同开发"的思想，是一种用合作求和平，以合作求发展的和平共处的新形式、新办法，它顺应了当今和平与发展的时代潮流。

针对港、澳、台地区性问题，邓小平提出按"一国两制"统一祖国的构想。"一国两制"不仅开辟了用和平方式统一祖国的新途径，有助于保持港、澳、台地区的稳定和繁荣，而且它用和平方式解决争端的思路，在当今世界有着普遍意义。用"一国两制"的办法解决国家间、民族间的争端，可以使许多"热点"降温，从而稳定世界局势。

综上所述，邓小平以崭新的理论思维，深邃的战略眼光，高超的外交智慧，务实的工作态度，为世界和平事业做出了历史性的贡献。他提出的"和平与发展是当代世界两大主题"的思想，指出了当代世界发展的新走向，引起了世界上越来越多的政治家和爱好和平人士的认同和赞赏。他指出的实现持久和平的新途径，符合全世界人民根本利益，有利于世界持续的和平与稳定。

第八章 "一国两制"

第一节 "一国两制"构想的形成

"一国两制"构想的提出首先是针对解决台湾问题。1978年12月，中国共产党召开了十一届三中全会，重新确立了解放思想、实事求是的马克思主义思想路线，决定把党和国家工作的着重点转移到社会主义现代化建设上来。为顺利实现这一根本性的战略转变，我国的内政外交方针就需要作一系列相应的调整。一方面，社会主义现代化建设的顺利进行，需要有一个长期的和平稳定的内外环境。作为有关中国统一的最重要的台湾问题，如果能以和平方式解决，不仅有利于我国的社会主义现代化建设，而且有利于世界的和平与发展。同时，国际形势的发展变化也为我国采取和平方式解决台湾问题提供了契机。正是在这种历史背景下，和平统一祖国被提到具体的日程上来。党的十一届三中全会明确指出:"我国神圣领土台湾回到祖国怀抱、实现祖国统一大业的前景,已经进一步摆在我们的面前。全会欢迎台湾同胞、港澳同胞、海外侨胞,本着爱国一家的精神,共同为祖国统一和祖国建设的事业继续作出积极贡献。"这就为"一国两制"构想的形成提供了现实可能性。

党的十一届三中全会前后,邓小平集中全党的智慧,提出了和平解决台湾问题的一系列重要思想。1979年10月8日,邓小平在会见日本文艺评论家江藤淳时指出:"如果实现祖国统一,我们在台湾的政策将根据台湾的现实来处理。比如说,美国在台湾有大量的投资,日本在那里也可有大量的投资,这就是现实,我们正视这个现实。"11月14日,他在会见缅甸总统吴奈温时又指出:"在解决台湾问题时,我们会尊重台湾的现实,比如,台湾的某些制度可以不动,美日在台湾的投资可以不动,那边的生活方式可以不动。但是要统一。"关于保留台湾的某些制度的问题,同年11月27日,他在会见美国客人时说得更为明了:解放台湾是我们祖国统一的事业,我们也要尊重台湾的现实。我们是社会主义国家,台湾可以存在不同的社会制度,还可以保留原来的社会制度、经济制度。这是在国家统一的情况下允许保留的。这表明，尽管当时还没有明确提出"一国两制"概念，但"一国两制"的构想已清晰可见了。

1979年1月1日，中美两国正式建立外交关系。就在这一天，全国人大常委会发表了《告台湾同胞书》，明确指出：实现祖国的统一，是人心所向，大势所趋。我们殷切期望台湾早日回归祖国，共同发展建国大业。我们国家领导人已经表示决心，一定要考虑现实情况，完成祖国统一的大业，在解决统一问题时尊重台湾现状和台湾各界人士的意见，采取合情合理的政策和办法，不使台湾人民蒙受损失。我们希望双方尽快实现通航通邮，以利双方同胞直接接触，互通信息，探亲访友，旅游参观，实现学术、文化、体育等领域的全方位交流。我们相互之间完全应当发展贸易，互通有无，进行经济交流。这是相互的需要，对任何一方都有利而无害。也是在这一天，邓小平在全国政协举行的座谈讨论《告台湾同胞书》的会议上郑重指出：从这一天起，我们"把台湾回归祖国、完成祖国统一的大业提到具体的日程上来了。"还是在这一天，持续了20年之久的炮击金门岛屿的军事行动停止了，这表明我们党和政府对解决台湾问题的政策发生了根本性的变化。此后，邓小平对如何解决台湾问题谈得更加具体和全面了。

1979年1月28日至2月5日,邓小平应邀对美国进行了正式访问。1月30日,邓小平在美国参、众两院发表的演说及在美中人民友好协会和全美华人协会举行的招待会上的讲话中,进一步阐明了中国政府对台湾问题的原则立场和方针政策。他指出:我们不再用"解放台湾"这个提法了。只要台湾回归祖国,我们将尊重那里的现实和现行制度。在尊重台湾现实的情况下,我们要加快台湾回归祖国的速度。中国希望用和平方式解决台湾问题,因为这对国家和民族都比较有利。中国政府在解决台湾问题时,一定考虑到台湾的现实,尊重台湾的现实,重视台湾人民的意见,实行合情合理的政策。同年10月18日,邓小平在会见由渡边诚毅社长率领的日本《朝日新闻》代表团时,对和平解决台湾问题又作了进一步解释。他说,我们提出台湾的社会制度可以不变,可以继续保持资本主义生活方式,包括它的军队。我们承认台湾地区作为地方政府可以实行广泛的自治。我们要求的仅仅是改变"中华民国"的名称,成为中华人民共和国地方自治政府就行了。翌日,他又在全国政协、中共中央统战部宴请出席各民主党派和全国工商联代表大会代表时的讲话中指出:"我国政府公布的对台湾回归祖国的大政方针，充分考虑了台湾当局和台湾人民的处境、利益和前途，是完全公平合理的。走祖国统一的道路，就有功于民族，有益于人民。我们和国民党曾有过两次合作的历史。现在，完成祖国的统一大业，是顺应历史潮流，合乎人民要求的大事。我们希望同台湾当局共同为祖国的统一携手迈进。"

同年12月6日，邓小平又在会见日本首相大平正芳时进一步指出："我们提出了台湾回归祖国，实现祖国统一的目标。实现这个目标，要从现实情况出发。对台湾，我们的条件是很简单的，那就是，台湾的制度不变，生活方式不变，台湾与外国的民间关系不变，包括外国在台湾的投资、民间交往照旧。这就是说，外国可以照旧对台湾投资。即使台湾与祖国统一起来后，外国投资也不受任何影响，我们尊重投资者的利益。台湾地区作为一个地方政府，可以拥有自己的自卫力量，军事力量。条件只有一条，那就是，台湾要作为中国不可分的一部分。它作为中国的一个地方政府，拥有充分的自治权。"此后，邓小平还明确把"台湾回归祖国，实现祖国统一"作为"我们在80年代要做的三件大事"之一，并反复阐明我们党和政府对台湾问题的原则立场和方针政策。

邓小平在1982年1月11日接见海外朋友李耀基先生时，第一次把解决台湾回归祖国、实现祖国和平统一的构想概括为"一国两制"（即"一个国家，两种制度"），并把这一构想的适用范围第一次扩大到香港问题的解决。1984年2月22日，邓小平在会见美国乔治城大学战略与国际问题研究中心代表团时，再次明确阐述了他的"一国两制"构想。他说："世界上有许多争端，总要找个解决问题的出路。我多年来一直在想，找个什么办法，不用战争手段而用和平方式，来解决这种问题。我们提出的大陆与台湾统一的方式是合情合理的。统一后，台湾仍搞它的资本主义，大陆搞社会主义，但是是一个统一的中国。一个中国，两种制度。香港问题也是这样，一个中国，两种制度。"邓小平还认为，有好多问题不能用老办法去解决。世界上许多争端，用类似"一国两制"这样的办法解决，是可取的。否则始终顶着，僵持下去，总会爆发冲突。如果不要战争，只能采取"一国两制"这类的方式。这样能向人民交代，局势可以稳定，并且是长期稳定，也不伤害哪一方。这是邓小平首次将"一国两制"构想的适用范围扩展到解决世界上的一些争端，从而使这一构想具有了国际意义。邓小平提出的"一国两制"构想已成为一种具有法律效力的基本国策。它标志着邓小平"一国两制"构想的正式形成和确立。

第二节　香港回归

1959年，在谈到香港问题时，毛泽东曾说"香港还是暂时不收回来好，我们不急，目前对我们还有用处。"随着国际国内形势变化，尤其是邓小平"一国两制"科学构想的形成与发展，香港回归时机已经成熟。1980年1月16日，邓小平提出中国20世纪80年代三大任务：加紧社会主义现代化建设，维护世界和平，实现祖国统一。实现祖国统一，就是要收回香港与澳门的主权。

1982年9月，英国首相撒切尔夫人访问中国，就香港前途问题与中国领导人进行会谈。邓小平以一个伟大爱国者的情怀，严正驳斥了撒切尔夫人的"三个条约有效论"，宣布中国领导人决不当李鸿章，表明了中国政府收回香港、维护中国主权与统一的坚定立场。以后，邓小平又驳回了英方"以主权换治权"的要求，使中英关于香港问题的谈判朝着1997年顺利回归、"一国两制"的方向稳步发展。

1982年9月24日上午9点，中央军委主席邓小平在人民大会堂会见撒切尔夫人。撒切尔夫人知道首次会谈最为关键，早早就做好了准备，提前来到了人民大会堂。由于英国方面此前已经正式公开了其"绝不妥协"的解决香港问题的立场，因此，邓小平决定"硬碰硬"。两人见面的"寒暄"亦颇微妙，撒切尔夫人对邓小平说："我作为现任首相访华，看到你很高兴。"邓小平说："是呀！英国的首相我认识几个，但我认识的现在都下台了。欢迎你来呀！"

会谈进入正题后，撒切尔夫人按照事先设计好的方案，摆出强硬姿态，打出"三个条约有效"和"维护香港繁荣稳定离不开英国"这两张牌，坚持三个条约必须遵守。

面对英国首相的挑战，邓小平寸步不让。他首先指出，这次谈判，除了要解决香港回归中国问题之外，还要磋商解决另外两个主要问题，一个是1997年后采取什么方式来管理香港，继续保持它的繁荣；另一个是中英两国政府要妥善商谈如何使香港从现在到1997年的15年中不出现大波动。简单地讲，实际上这三大问题，就是1997问题、1997后问题和1997前问题。这些才是中英关于香港前途问题谈判的完整议题。

说到香港的主权归属，邓小平毫不含糊地指出："中国在这个问题上没有回旋余地。坦率地讲，主权不是一个可以讨论的问题。现在时机已经成熟，应该明确肯定：1997年中国将收回香港。就是说，中国要收回的不仅是新界，而且包括香港岛、九龙。"中国和英国就是在这个前提下进行谈判，商讨解决香港问题的方式和方法的。在此，邓小平重申了新中国成立以来始终不承认19世纪三个不平等条约的一贯立场。

邓小平告诉撒切尔夫人，收回香港，是全中国人民乃至全世界人民的意愿。在不迟于一二年的时间内，中国就要正式宣布收回香港的决策。"中国宣布这个决策，从大的方面来讲，对英国也是有利的，因为这意味着届时英国将彻底地结束殖民统治时代，在世界舆论面前会得到好评。"

针对撒切尔夫人关于香港的繁荣离不开英国管理的观点，邓小平说："保持香港的繁荣，我们希望取得英国的合作，但这不是说，香港继续保持繁荣必须在英国的管辖之下才能实现。香港继续保持繁荣根本上取决于中国收回香港后，在中国的管辖之下，实行适合于香港'一国两制'的政策。香港现行的政治、经济制度，甚至大部分法律都可以保留，当然，有些要加以改革。香港仍将实行资本主义，现行的许多适合的制度要保持。"

中国宣布1997年收回香港，香港会不会发生波动？邓小平回答：小波动不可避免，"如果中英两国抱着合作的态度来解决这个问题，就能避免大的波动。"他还告诉英国首相，中国政府在做出这个决策时，各种可能都估计到了，"还考虑了我们不愿意考虑的一个问题，就是如果在15年的过渡时期内香港发生严重的波动，怎么办？那时，中国政府将被迫不得不对收回的时间和方式另作考虑。如果说宣布要收回香港就会像夫人说的'带来灾难性的影响'，那我们要勇敢地面对这个灾难，做出决策。"

当会谈结束后，撒切尔夫人落寞地从门口走出，脸色凝重。当她继续往下走时，高跟鞋与石阶相绊，使身体顿失平衡，栽倒在石阶下，皮鞋、手袋也被摔到了一边。幸好她已将至平地，摔得不重，在一旁的随员及工作人员立即上前将她扶起。

英国女首相这一跤，引起了敏感的舆论界的浓厚兴趣。一位深知铁娘子和邓小平性格的记者分析道：撒切尔夫人锋芒毕露，邓小平绵里藏针。尽管撒切尔夫人受丘吉尔影响极深，坚持"鲜明的传统保守主义哲学和强硬的经济政策"，但在邓的面前，她毕竟还年轻。撒切尔夫人没想到邓小平在香港主权问题上的立场会那么坚定，毫无通融余地。她心中不由得充满失望和痛苦。她回去后对驻华大使柯利达说：邓小平真残酷啊！

经过邓小平等人与撒切尔夫人等人多个回合的较量，1984年12月19日，中英两国政府终于在北京人民大会堂正式签署《中英关于香港问题的联合声明》。铁娘子撒切尔夫人对邓小平说，会谈成功的奥秘就是他的"一国两制"构想。这些实践进步，并非英国主动放弃的结果，而是邓小平"一国两制"科学构想的成效，是在"一国两制"前提下，在我国改革开放大潮中，中、英双方对战争与和平、经济利益、政治利益、社会利益进行综合考量后做出的合理选择。《中英关于香港问题的联合声明》宣布：中华人民共和国政府决定于1997年7月1日起，对香港恢复行使主权，英国政府届时将香港交还中国。收回主权后，中国政府在香港设立特别行政区，直辖于中华人民共和国中央人民政府，除外交和国防事务属中央政府管辖外，香港特别行政区享有高度的自治权。香港特别行政区成立后，不实行社会主义制度和政策，保持香港原有的资本主义制度和生活方式，50年不变。

在中华人民共和国中央政府和香港当局的合作与博弈中，香港回归祖国的步伐踏入历史性时刻。1996年12月16日，国务院第11次全体会议，任命董建华为香港特别行政区第一任行政长官，并随即签署国务院第207号令。1997年5

月，香港特别行政区筹委会第9次全体会议在北京举行。会议通过《中华人民共和国香港特别行政区第一届立法会的具体产生办法》等几个重要文件。至此，筹委会的历史使命基本完成，香港即将回归祖国。

1997年6月30日，中华人民共和国中央军委主席江泽民命令中国人民解放军驻香港部队进驻中华人民共和国香港特别行政区，并于7月1日零时开始履行香港防务职责。

1997年6月30日午夜至7月1日凌晨，中英两国政府香港政权交接仪式吸引了全世界的眼光。香港会议展览中心新翼五楼大会堂华灯灼灼，在宣告中国政府对香港恢复行使主权的庄严时刻，中国百年屈辱史终结，"港人治港"成为现实，"一国两制"构想步入发展新阶段。

第三节　澳门回归

1984年中英两国签署关于香港问题联合声明以后，邓小平开始比较多地关心澳门问题，并作了许多具体的指导工作，从根本上保证了解决澳门问题这又一祖国统一历史任务的顺利完成。1984年10月3日，邓小平在人民大会堂西大厅接见港澳同胞国庆观礼团全体成员时,首次公开提出要与香港一样,用"一国两制"的方针,解决历史遗留下来的澳门问题。当时,在会见接近尾声的时候,澳门立法会议员、澳门出口商会会长吴荣恪请求邓小平谈谈澳门问题,邓小平回答说:"澳门问题将会像香港一样,用同一个方式解决。至于解决澳门的问题会不会影响其他,是早解决对香港有利还是迟解决有利,我还在考虑。"又说,"澳门问题的解决都离不开'一国两制'和'澳人治澳',解决的时间比香港早好还是同时,这个问题正在考虑,想听听大家的意见。"这是邓小平就解决澳门问题的原则和方式的首次公开表态。

1985年5月21日至26日,葡萄牙总统马略·埃亚内斯应邀访问中国,他是第一位访问中国的葡萄牙国家元首。5月24日邓小平在会见他时表示:"我们之间不会吵架,中葡之间没有吵架的问题,只存在一个澳门问题。这个问题原则上在两国建交时已经达成谅解,只要双方友好协商,是不难解决的。"埃亚内斯总统亦认为,"澳门问题在1979年两国建交时已达成友好协议","我们之间没有吵架","我们葡萄牙人愿意友好地解决澳门问题,我们在这次访华中看到中国也愿意友好地解决澳门问题。双方目标一致,就是保持澳门地区的稳定繁荣，维护中国、葡萄牙和澳门人民的利益。"之后，中葡双方宣布将举行关于澳门问题的正式外交谈判。

从1986年6月到1987年3月，中葡两国政府代表先后举行了四轮会谈。在谈判过程中，澳门回归的时间问题成为需要解决的一个重要问题。葡方在谈判中曾一度提出要求把交还澳门的时间推迟到下个世纪的主张。对此，中方态度坚决。邓小平明确指出，"澳门问题必须在本世纪内解决，决不能把殖民主义的尾巴拖到下一世纪。"面对这样的坚决态度，葡萄牙方面最终同意在1999年把澳门交还中国。

1987年4月13日，《中华人民共和国政府和葡萄牙共和国政府关于澳门问题的联合声明》在北京正式签署。中葡《联合声明》规定："中国将于1999年12月20日恢复对澳门行使主权，葡萄牙共和国政府将于1999年12月20日将澳门交还给中国政府。"1988年1月15日，两国政府批准的《中葡联合声明》批准书在北京互换。《中葡联合声明》生效。

1999年4月23日至5月13日，澳门特别行政区第一届政府推选委员会，在澳门举行第一、二、三次全体会议。会议选举何厚铧为澳门特别行政区首任行政长官。1999年12月19日，中葡澳门政权交接仪式在澳门文化中心隆重举行。20日凌晨，中华人民共和国主席江泽民宣告中华人民共和国澳门特别行政区政府成立，澳门回到祖国怀抱。澳门回归结束了葡萄牙政府派遣澳督的四百年历史。邓小平"一国两制"、"澳人治澳"、"高度自治"的中央政策方针得到高度体现。

20世纪50-70年代，毛泽东、周恩来等领导人把对台政策从"武力解放"调整为"和平解放"；20世纪80年代，邓小平把"和平解放"调整为"和平统一"，即"一国两制"，并把"一国两制"具体化、完善化，付诸实践。1997年7月香港回归祖国，1999年12月澳门回归祖国。香港、澳门回归丰富了"一国两制"的内容，是"一国两制"方针的伟大胜利。

香港、澳门顺利回归，为维护世界和平与稳定贡献了力量。在和平与发展的时代主题下，世界上还存在不少国家分裂现象和领土争端。两种制度对立局面并不鲜见。经过香港、澳门问题顺利解决验证过的"一国两制"所具有的启发意义，在这些国家和地区实现统一问题上彰显出来。"一国两制"有利于维护亚太地区乃至整个世界的和平与稳定。香港澳门回归，用铁的事实说明，邓小平的"一国两制"政策是和平解决国际争端的一种新形式，是我国人民为世界和平做出的新贡献。

第九章　继往开来的领路人

第一节　中国特色社会主义理论的奠基人

1982年9月1日邓小平在《中国共产党第十二次全国代表大会开幕词》中第一次提出了"建设有中国特色的社会主义"这一崭新的命题，"把马克思主义的普遍真理同中国的具体实际结合起来，走自己的道路，建设有中国特色的社会主义，这就是我们总结长期历史经验得出的基本结论。"

新中国成立后，毛泽东领导党和人民开始探索适合国情的社会主义建设道路。这种探索是从反思苏联模式利弊开始的。苏联模式实行高度集中的计划经济体制、政治体制和思想文化体制，长处是能集中力量办大事，也确实取得了重大成就。但随着时间推移，一些弊端日益暴露，如国民经济比例失调、管理体制僵化、农民负担过重等。毛泽东1955年就提出"以苏为戒"，找到一条适合国情的道路。1956年，他发表《论十大关系》，阐述了如何正确处理社会建设的重大关系。1957年，发表《关于正确处理人民内部矛盾的问题》，提出社会基本矛盾和两类不同性质矛盾理论，要求学会用民主的方法解决人民内部矛盾。由于在落后国家建设社会主义是个复杂的新课题，我们党缺乏经验，加之国内外形势复杂，使得一些正确方针没有得到贯彻。但是毛泽东的艰辛探索为我们党提供了宝贵财富，成为中国特色社会主义理论体系的重要思想来源。

第二代领导集体围绕"什么是社会主义、怎样建设社会主义"的根本问题，形成了邓小平理论和党在社会主义初级阶段的基本路线，开始了马克思主义中国化第二次飞跃。

1987年十三大会议指出，十一届三中全会以来，我们党在对社会主义再认识的过程中，发挥和发展了一系列科学理论观点，构成了建设有中国特色社会主义理论的轮廓。全会确立了"解放思想，实事求是"的指导思想，做出了把党和国家的工作重点转移到社会主义现代化建设上来和实施改革开放的重大战略决策，形成了以邓小平为核心的党的第二代领导集体，是党历史上生死攸关的转折点，中国从此走上了改革开放，建设中国特色社会主义的正确道路。

1992年十四大明确提出并系统阐述了"邓小平同志建设有中国特色社会主义的理论"。1997年党的十五大将这一理论正式定名为邓小平理论。建设有中国特色社会主义命题的提出，标志着中国特色社会主义理论体系开始形成。作为毛泽东思想的继承和发展的邓小平理论，是指导中国人民在改革开放中胜利实现社会主义现代化的正确理论。在当代中国，只有把马克思主义同当代中国实践和时代特征结合起来的邓小平理论，才能够解决社会主义的前途和命运问题。

邓小平理论是当代中国的马克思主义，是马克思主义在中国发展的新阶段。这个理论之所以能够成为马克思主义在中国发展的新阶段，这是因为：第一，邓小平理论坚持解放思想、实事求是，在新的实践基础上继承前人又突破陈规，开拓了马克思主义的新境界。第二，邓小平理论坚持科学社会主义理论和实践的基本成果，抓住"什么是社会主义，怎样建设社会主义"这个根本问题，深刻地揭示社会主义的本质，把对社会主义的认识提高到新的科学水平。第三，邓小平理论坚持用马克思主义的宽广眼界观察世界，对当今时代特征和总体国际形势、对世界上其他社会主义国家的成败、发展中国家谋求发展的得失、发达国家发展的态势和矛盾都进行正确分析，作出了新的科学判断。第四，总体来说，邓小平理论形成了新的建设有中国特色社会主义理论的科学体系。

第二节 两代国家领导集体的顺利交接

1997年2月19日，邓小平同志在北京逝世，中共中央、全国人大、国务院、全国政协、中央军委发布的《告全党全军全国各族人民书》认为：邓小平作为第二代中央领导集体的核心，"为第二代中央领导集体向以江泽民同志为核心的第三代中央领导集体顺利过渡，保持党和国家的稳定，创造了充分的条件，发挥了决定性的作用。"

第一代中央领导集体领导全国各族人民推翻了帝国主义、封建主义、官僚资本主义反动统治，创建了社会主义新中国，并率领人民继续探索中国特色的社会主义建设的发展道路。

1978年中共十一届三中全会以后，我们党又建立起第二代中央领导集体，成员有邓小平、陈云、叶剑英等，其中邓小平所处的地位，是"核心"、"领班人"、"主要决策者"。邓小平是第一代中央领导集体重要成员和第二代中央领导集体的核心，在国内外享有崇高威望。

　　1989年邓小平帮助建立起第三代中央领导集体后，坚决地退了下来。邓小平提议江泽民同志担任党中央总书记，而且又致信给中央政治局常委，着重向中共十三届五中全会提议"江泽民同志任党中央军委主席"。他在离职前简短的讲话中强调，江泽民同志是合格的军委主席、是合格的党的总书记，希望大家在以他为核心的党中央领导下，在以他为主席的中央军委领导下努力工作。他多次称赞江泽民同志，对有以他为核心的中央领导集体表示放心。称赞第三代中央领导集体主持全面工作后，一直坚持正确路线，各项工作干得不错，给国内外以稳妥、平静的感觉，得到了人民信赖和国际上的信任，成绩不可低估。他相信第三代中央领导集体完全有能力把事情办好，即使有差错，自己经过总结，取得了经验，又前进了一步。